KB122161

나는 성차별에 반대합니다

훌륭한 편집자인 뤼세트 사비에르(Lucette Savier)와 그녀의 열정, 끈기, 결단력에 감사를 전합니다. 매번 마법 같은 그림으로 나에게 자극을 준 리자 만델(Lisa Mandel)에게 감사를 전합니다. 강한 신념을 지닌 페미니스트이자 세심하고 정성스러운 교정으로 나에게 도움을 준 아멜리(Amélie)에게 감사를 전합니다. 원고를 읽고 좋아해 준 최초의 중학생 독자, 엘리즈(Elise)에게도 감사를 전합니다.

나의 용감하고, 신중하고, 연구하는 세 딸에게 이 책을 바칩니다.
그리고 네오페미니즘으로 나를 자랑스럽게 해 준 아들에게 바칩니다.   – E. P.

JE ME DEFENDS DU SEXISME
Written by Emmanuelle Piquet and illustrated by Lisa Mandel

© 2018, Albin Michel Jeunesse

Korean Translation © Namuya Publisher
Arranged through Icarias Agency, Seoul

이 책의 한국어판 저작권은 Icarias Agency를 통해 Albin Michel Jeunesse와 독점 계약한 도서출판 나무야에 있습니다. 저작권법에 의하여 한국 내에서 보호를 받는 저작물이므로 무단전재와 복제를 금합니다.

나는 성차별에 반대합니다

초판 1쇄 발행 2019년 4월 10일 | 지은이 엠마누엘 피케 | 그린이 리자 만델 | 옮긴이 강현주
감수 김고연주 | 편집디자인 최미영 | 종이 신승지류유통(주) | 인쇄 제본 상지사 P&B
펴낸곳 도서출판 나무야 | 펴낸이 송주호 | 등록 제307-2012-29호(2012년 3월 21일)
주소 (03424) 서울시 은평구 서오릉로27길3, 4층
전화 02-2038-0021 | 팩스 02-6969-5425 | 전자우편 namuyaa_sjh@naver.com

ISBN 979-11-88717-09-5 43330

* 이 책 내용의 전부 또는 일부를 재사용하려면 반드시
  저작권자와 도서출판 나무야 양측의 동의를 얻어야 합니다.
* 책값은 뒤표지에 표시되어 있습니다.

나는 성차별에 반대합니다

엠마누엘 피케 지음 | 강현주 옮김 | 김고연주 감수

나무야
Namuyaa Publisher

성차별에 맞서는 소녀들의 당찬 도전!

이 책은 성(性)적으로 자유롭고 평등한 국가로 알려진 프랑스에서
조차 성차별이 일상적이라는 사실을 알려줍니다. 프랑스의 십대 여
성들도 한국의 십대 여성들과 굉장히 유사한 차별, 희롱, 폭력을 당
하고 있습니다. 프랑스인지 한국인지 구분이 안 갈 정도로 비슷한 사
례를 접하면서, '프랑스마저……'라는 안타까움과 슬픔을 느낍니다.

"나는 성차별에 반대합니다."

책의 제목이기도 한 이 문장은 누구나 할 수 있고 실제로 누구나
하는 말입니다. '성차별에 찬성한다'고 말하는 사람은 없는데 프랑
스에도, 한국에도 성차별이 난무하는 이유는 무엇일까요? 무엇보다
'무엇이 성차별인지'에 대한 합의가 좀처럼 이루어지지 않기 때문입
니다. 이 책의 가해자들도 자신들이 차별, 희롱, 폭력을 행사하고 있
다고 생각하지 않을 겁니다. 장난이라거나, 원래 그렇다거나, 피해
자가 그럴 만하다고 말할 것입니다. 성차별이 난무하는 또 다른 이
유는, 세상을 바꾸기 위해 행동하는 사람들이 적기 때문입니다. '성

'차별 반대'는 상식과 윤리의 위상을 갖고 있지만, 선언을 넘어서 성차별에 문제를 제기하고 변화시키기 위해 움직이는 사람들은 많지 않습니다.

이 책은 '성차별에 반대한다'는 말에 생명력을 불어넣고 있습니다. 십대 여성들의 목소리로 그들이 당하는 성차별을 낱낱이 보여주고, 그들의 생각과 감정도 고스란히 전해 줍니다. 이를 통해 비슷한 경험을 한 독자들의 공감뿐 아니라, 그러한 언행이 차별, 희롱, 폭력이 아니라고 생각했던 사람들의 변화까지 이끌어 냅니다. 이렇게 생각을 변화시키는 것도 쉽지 않은데, 이 책은 여기서 훨씬 더 큰 걸음을 내딛고 있습니다. 바로 독자를 참여시켜 같이 생각하고, 고민하고, 움직이게 한다는 점입니다.

저자가 제안하는 해결 방법은 대체로 그럴듯하고 실제로 소기의 목적을 달성하기도 하지만, 우리가 보기에 별 효과가 없어 보이는 제안들도 더러 있습니다. 하지만 어떤 사례도 제각각의 상황, 문화, 규범, 제도, 관계, 맥락이 다르기 때문에 하나의 정답이 있을 수는 없습니다. 중요한 것은 우리들이 흔히 겪지만 익숙하다는 이유로, 또는 해결책을 찾기 어렵다는 이유로 포기하고 용인해 온 언행들에 대한 도전입니다. 이 책은 우리들에게 '이렇게 해 보는 건 어떨까?'를 고민하고 토론하고 도전할 수 있는 지혜와 용기와 희망을 주고 있습니다.

– 김고연주(여성학 박사, 서울시 젠더자문관)

차례

Chapter 1   너무 예쁘거나 충분히 예쁘지 않거나

Chapter 2 네 몸은 네 것이 아니야

Chapter 3 너는 계집아이일 뿐이야

이 책을 읽어야 하는 이유

딸로 태어나느냐 아들로 태어나느냐에 따라 살아가는 모습이 달라집니다.

여러분이 이 문제에 대해 깊이 생각해 본 적이 있는지 모르겠지만, 딸로 태어나는지 혹은 아들로 태어나는지에 따라 서로 다른 일상을 살게 된다는 것은 분명한 현실입니다. 딸이냐 아들이냐에 따라 옷차림, 관심사, 학업, 직업, 다른 사람들을 대하는 방식, 그리고 무엇보다 다른 사람들이 우리를 대하는 방식이 달라지지요.

하지만 이 모든 차이를 우리가 직접 결정하는 걸까요? 그렇지 않습니다. 대부분 이러한 차이는 교육 방식에서 비롯되거나, 어쩌면 그보다 먼저 사회가 남성다운 것 혹은 여성다운 것이 무엇인지 정의하고 기대하는 방식에서 비롯됩니다. 만일 우리가 주의를 기울이지 않는다면, 아무런 생각 없이 혹은 아무런 의문도 제기하지 않고 이

11

러한 분위기를 계속 따르게 될지 모릅니다.

철학자인 시몬느 드 보봐르(Simone de Beauvoir)는 1949년에 펴낸 『제2의 성』에서 다음과 같은 주장을 했습니다. "우리는 여자로 태어나는 것이 아니라, 여자로 키워지는 것이다." 여성의 정체성은 수 세기에 걸쳐서 전달되고 변화해 온 사회적 구조의 결과라는 뜻이 담긴 말입니다. 더 나아가서 오늘날 몇몇 사람들은 아들이나 딸로 태어나는 것이 아니라 아들이나 딸의 역할을 부여받은 것이라고 말하기도 합니다. 우리는 성, 즉 남성 혹은 여성의 생식기를 가지고 태어납니다. 하지만 젠더, 행동, 태도, 사회적 역할, 성별에 따른 사고 방식이나 생활 방식은 우리가 속해 있는 문화와 사회에 의해 만들어집니다. 대다수의 사람들은 거기에 만족하고 순응하지만 많은 사람들은 성에 따라 부여받은 이러한 남녀의 속성이나 역할에 대해서 의문을 제기하기도 합니다. 또 어떤 사람들은 태어나면서 부여받은 성에 소속감을 느끼지 못하기도 하죠. 마치 사회가 여러 개의 칸을 그려 놓고 각자에게 그중 딱 한 칸만 고르라고 했다는 듯이 말입니다.

몇몇 예를 들어 봅시다.

• 장난감 가게를 살펴볼까요? 여자아이를 위한 장난감 코너와 남자아이를 위한 장난감 코너가 대부분 나뉘어 있는데 분위기가 매우 다르지요. 여자아이를 위해서는 대체로 인형이나 소꿉놀이 같은 정적인 장난감들이, 남자아이를 위해서는 모험이나 전쟁놀이 같

은 활동적인 장난감들이 진열되어 있습니다. 왜 그럴까요?

- 스페인의 한 텔레비전 프로그램에서 이런 실험이 있었습니다. 여자아이들과 남자아이들에게 소금을 친 요구르트를 맛보게 했는데, 아이들에게 요구르트에 소금을 쳤다는 사실을 알리지 않은 채 맛에 대한 평가를 요구했습니다. 남자아이들은 모두 "윽!" 하며 역겨움을 표현했지만, 여자아이들은 대부분 "음, 맛있어요."라고 말했습니다. 요구르트가 똑같이 역겨운 맛이었을 텐데도 말입니다. 왜 그랬을까요?

- 최근에는 이런 연구 결과도 있었습니다. 자폐증을 앓고 있는 어린 여자아이들이 자폐증을 앓고 있는 남자아이들에 비해서 진단을 일찍 받지 못한다는 사실이 밝혀졌습니다. 이처럼 여자아이들은 어떤 질병에 대한 진단이 늦어지는 경우가 대체로 많습니다. 특히 아이들 스스로 원하지 않는데도 주위에서 남자아이들과 여자아이들의 표현을 다르게 해석하곤 합니다. 그 이유는 무엇일까요?

- 공공장소에서의 남녀평등에 대한 공간지리학자의 연구 결과를 보면, 학교 운동장 한가운데는 대부분 남자아이들이 차지하는 반면에, 여자아이들은 구석진 곳으로 물러나 있었습니다. 또 지하철은 또 어떤가요? 몇몇 남자들은 다리를 쩍 벌리고 앉는 반면에, 여자들은 대체로 다리를 꼬고 앉거나 공간을 덜 차지하려고 몸을 움츠리고 있습니다. 그 이유는 무엇일까요?

이 모든 '왜'에 대한 대답은 남자아이와 여자아이가 어떤 선택(남자아이들은 전쟁놀이, 여자 아이들은 인형놀이), 태도(생각을 솔직하게 말하는 것, 상대방을 기쁘게 해 주거나 예의 바른 말을 하는 것), 행동(자신을 드러내는 것, 자신을 감추는 것)을 서로 다르게 강요받는다는 사실과 관련이 있습니다. 이렇게 남자냐 여자냐에 따라 사회는 불평등한 규범과 규칙을 적용하곤 합니다. 물론 생물학적 차이는 분명히 존재합니다. 하지만 이런 차이가 서열이나 불평등을 의미한다면 과연 정당하다고 할 수 있을까요?

'선머슴'이라는 말은 사용하지만, '선계집'이라는 말은 쓰지 않습니다.

사회가 요구하거나 강요하는 바가 다르다는 것을 그대로 받아들이기란 쉽지 않습니다.

사춘기가 된 여자아이들이 남자아이들에 비해서 몸집이 더 작고 집안일을 더 많이 할 것을 요구받는 사실을 알게 되었을 때, 많은 여자아이들이 남자아이들을 닮고 싶었다고 합니다. 그래서 일부러 머리카락을 짧게 자르거나 남자아이들처럼 행동했다고 말하는 여자아이들도 있었습니다. 하지만 그럴 때마다 마치 어떤 결함이라도 있다는 듯이 주변에서 '사내아이' 혹은 '선머슴' 취급을 받았다고 해요.

이렇게 '일반적인 소녀'로 보이지 않는 여자아이들은 '선머슴'으로 불리곤 하지만, 남자아이들의 경우에도 이와 같은 의미를 지닌 단어가 있을까요? 남자아이는 '여자 같은 남자아이' 혹은 '점잔 빼는 여자(chochotte)'로 취급당할 수는 있지만 이러한 표현에 결함이 있다는 의미는 없습니다. 잘 들여다보고 생각해 보면, 단어라는 것이 남성과 여성을 항상 평등하게 표현하고 있지는 않습니다.

예를 들어 '강한 소년(un garcon fort)'은 힘이 있는 소년, 심지어 용기 있는 소년을 가리킵니다. 하지만 '강한 소녀(une fille forte)'는 뚱뚱한 소녀를 가리킵니다! '쉬운 남자(un homme facile)'는 함께하기 좋은 사람을 뜻하지만, '쉬운 여자(un femme facile)'는 부정적인 의미를 지니고 있으며, 사생활이 복잡한 여자를 떠올리게 합니다. 프랑스어에서 un gars(젊은이), un entraineur(코치), un maitre(주인), un professionnel(전문가) 같은 단어들의 여성형을 찾아보면 성차별적인 비하의 의미를 가지고 있음을 알 수 있습니다. 그 밖에도 다른 예는 얼마든지 있습니다.

여자로 태어났다는 이유로 더 이상 고통받지 않기 위해

지금 이 순간 행복하지 않다고 느끼는 아이들 혹은 청소년들과 함께 일하는 동안, 나는 오직 여자아이들만 감당하게 되는 고통이 있다는 사실을 알게 되었습니다. 그렇다고 해서 남자아이들은 전혀 고통받고 있지 않다는 뜻은 분명 아닙니다. 단지 그들이 남자이기 때문에 여자아이보다는 고통을 훨씬 덜 느끼는 경우가 있다는 뜻입니다.

학교에서 괴롭힘을 당하는 아이가 자신을 지키도록 돕기 위해 책을 한 권 썼던 것처럼, 나는 특히 여자아이들을 돕는 것 또한 의미 있다고 생각했습니다. 더 이상 여자아이라는 이유만으로 고통받지 않기 위해서 말입니다. 자신이 원하지 않는 모습으로 살아가거나, 약자로 취급받거나, 학대받는 상황을 더 이상 당연한 것으로 받아들이지 않도록 말이지요.

이를 위해 가장 중요한 것은 세상이 변화하는 것이지만, 무엇보다 먼저 여자아이를 향한 어른들의 시선을 바꾸어야만 합니다. 남자아이보다 엄격하고 때로는 가치를 낮게 평가하는 시선 말입니다. 여자아이에 대한 편협된 시선은 남자아이에게 아주 어려서부터 어른들과 같은 차별적인 시선을 가지게 만들고, 여자아이 스스로에 대한 가치를 낮게 평가하도록 만들기 때문입니다. 심지어 다른 여성을 혐오하는 수많은 소녀와 여성들을 탄생시키기도 하지요.

이러한 시선과 부정적인 언어는 관습적이며 매우 폭력적입니다. 사람들은 때로 의식조차 하지 못한 채 이러한 시선을 보내거나 부정적인 언어를 사용하곤 합니다. 여자아이들이 그에 대항하기 힘든 것은 바로 이런 분위기 때문이기도 합니다.

세상이 변하기를 가만히 기다리고만 있으면 아무런 변화도 일어나지 않습니다. 소녀들을 위해 어떤 도움을 줄 수 있을까요? 어쩌면 가장 먼저 필요한 것은 작은 목소리라도 내어 폭력과 경멸에 저항할 수 있는 힘을 갖도록 돕는 것이 아닐까 합니다.

정반대로 시도하는 180도 전략

우리는 종종 어떤 문제를 해결하려고 애쓰다가 오히려 문제를 더욱 악화시키기도 합니다. 해결할 수 없을 것 같아 보이는 대부분의 경우가 그러합니다. 이런 경우에 우리는 마치 쳇바퀴를 돌리는 햄스터처럼 같은 패턴을 반복하고 있습니다. 결국 우리는 지쳐 버리고 변하는 것은 아무것도 없습니다.

예를 들어 볼까요? 부모의 동의 하에 집안일을 '여자들의 일'이라여기고 이런저런 핑계를 대며 빠져나가는 남자 형제들의 모습에 수많은 소녀들이 지쳐 있습니다. 소녀들은 일반적으로 분노를 혼자 담아두거나, 부당하다고 말해도 들어주는 사람 없이 남자 형제들보다더 많은 집안일을 계속해서 감당해 왔습니다. 그렇다 보니 이런 상황이 바뀔 이유가 없는 것처럼 보입니다. 남자 형제들은 소녀들의불평을 귀담아 듣지 않으면 그만이고, 자신들의 빨래는 잘 개어져서옷장 속에 정성스럽게 정리되어 있는 것을 보게 되니까요.

이제는 방법을 바꾸어 볼 필요가 있습니다. 상황을 완전히 거꾸로뒤집어보는 것, 다시 말해서 180도 전략이 효과적일 수 있습니다. 사람들은 종종 "나는 어떻게 해야 할지 모르겠어. 나는 막다른 골목에도달했어."라고 말하곤 합니다. 하지만 거기에서 빠져나오기 위해반 바퀴만 돌면 되는 경우가 있음에도 불구하고 이런 사실을 깨닫기가 쉽지는 않습니다.

남자 형제들의 빨래를 정리해 주는 소녀들에게 이렇게 제안합니다. 여전히 축축한 상태의 빨래를 개어서 옷장 속에 넣어 주라고 말

17

입니다. 퀴퀴한 냄새가 다른 옷들에까지 배도록 말입니다. 만일 남자 형제가 냄새에 대해 불평한다면 이렇게 대답하세요. 아무 일도 없다는 듯이 천연덕스럽게 대답해야 합니다. "아, 미안해. 내가 빨리 나가고 싶어서 정리를 제대로 못했지 뭐야. 내가 정신이 없으면 또 그럴지도 모르겠어. 너는 적어도 학교에서까지 집안일 걱정을 할 필요는 없어서 좋겠다." 아마 두어 번 정도 그런 일이 있고 나면, 경험상 남자아이들은 그들 자신이 빨래를 챙기는 것이 더 낫다는 것을 깨닫게 됩니다.

이제부터 들려줄 이야기의 공통점은, 여자 주인공들이 매우 용기 있게 180도 전략을 사용하여 자신들의 고통을 누그러뜨렸다는 것입니다. 몇몇 소녀들은 최선의 전략을 찾아내기 위해 나의 도움이 필요하기도 했고, 몇몇 소녀들은 혼자서 찾아내기도 했습니다.

성폭력을 당하는 것과 같은 경우는 무언가를 한다는 것 자체가 불가능할 수도 있습니다. 그 상황에 온몸이 마비되어 버리거나 그 자체로 소름이 끼치고 놀란 나머지 아무것도 할 수 없는 상황이 되기 때문입니다. 그것은 너무나 당연한 일이므로 누구도 스스로를 탓해서는 안 됩니다. 하지만 그렇기 때문에 한번쯤은 그 문제에 대해서 미리 생각해 둘 필요도 있습니다. 그런 상황이 나에게 닥쳤을 때, 어떻게 반격할 수 있을지 미리 준비해 둔다면 상황은 얼마든지 바뀔 수 있으니까요.

여러분이 여자라면, 어쩌면 자신과 같은 문제를 가진 이야기를 통해서 무언가 영감을 얻을 수 있을 것입니다. 때로는 차별하는 행동이나 말로 자신을 불편하게 하는 다른 사람을 그만 두게 하기 위해

'저항의 화살'을 쏘아보내야 할 수도 있습니다. 하지만 여러분의 기분을 더 나아지게 하려면 대처하는 방식을 스스로 바꿔야 하는 경우도 있습니다.

불행하게도 여러분을 고통스럽게 만들고 있는 사건이 오래 전에 이미 발생한 일이고 지금 대처하기에 불가능한 상황이라고 하더라도 너무 늦었다고 절망할 필요는 없습니다. 그 사건을 머릿속에서 지우기 위해 사용할 수 있는 방법을 이 책에서 분명히 발견할 수 있을 테니까요.

여러분이 남자라면, 이 책은 주위 사람들의 행동이나 여러분 자신의 행동에 대해서 생각해 볼 기회를 줄 것입니다. 이야기 속 주인공들처럼 고통스럽거나 힘겨운 상황에 놓여 있는 소녀가 실제로 여러분에게 도움을 요청할 수도 있습니다. 그때는 어떻게 할 수 있을까요? 실제로 그런 상황이 된다면 이 책이 제안하는 다양한 방식으로 사건에 접근해 볼 수도 있을 것입니다.

Chapter 1

너무 예쁘거나
충분히
예쁘지 않거나

여자아이들은 늘 일정한 수준의 얌전함이나 예쁨을 요구받고 있습니다. 특별한 미적 기준을 따라야 하는 것은 늘 여자들입니다. 날씬한 몸매, 부드럽고 반듯한 이목구비는 바로 여자아이들에게 집중적으로 요구되는 사항입니다. 선이 부드러운 남자는 순식간에 남성다움이 부족한 것으로 간주되기도 합니다. 남성적인 매력을 규정짓기 위해서는 아주 다른 기준이 존재합니다.

문제는 여성성으로 간주되는 이러한 몇 가지 미적 기준을 충족시키지 못하면 진짜 여자로 취급받지 못한다는 것입니다. 학교, 사회, 심지어 가정에서조차 그들의 외모(예를 들면, 힘이 세거나 뚱뚱한 청소년들에게 친절을 가장하여 이런 말을 하기도 합니다. "너는 얼굴은 정말 예쁜데 말이야, 정말 유감이구나!"), 태도, 모습에 대해 비난을 하거나 그 것을 변화시킬 것을 요구합니다. 혹은 그러지 않았을 때는 그들을 배제시키기도 합니다. 이러한 모든 경우, 그런 여자들에게 보내는 암묵적인 명령은 바로 이런 것입니다. "너는 우리가 바라는 대로 예 뻐져야 해."

이것은 정당화될 수도 받아들일 수도 없습니다!

마리아
13세

"뚱뚱한 애들은
아래로 내려가!"

내 이름은 마리아예요. 다 좋은데 뚱뚱하다는 게 문제지요.

집에서는 그럭저럭 괜찮아요. 우리집에는 뚱뚱한 사람이 여럿이고, 누구도 그걸 보기 흉하다고 생각하지 않으니까요. 정말 다행이죠.

하지만 학교에서 뚱뚱하다는 것은 솔직히 말하면 단순한 일이 아니에요. 초등학교 때부터 아이들로부터 보기 흉하다는 놀림을 받았어요. 남자아이들은 '고래자리'라고 부르며 내가 의자에서 일어날 때마다 넘어지는 흉내를 내면서 짓궂은 장난을 쳤어요. 그리고 점심시간에는 내가 밥을 먹기 시작할 때부터 기다렸다는 듯 나를 놀리기 시작하죠. 지금은 아무도 체육 시간에 나를 같은 팀에 넣어 주지도 않아요. 그리고 몇몇 장난은 정말로 견디기가 힘들어요. 내기에서 지는 사람이 나를 껴안아야 하는 벌칙 같은 것 말이에요.

아이들은 내 앞에서 그런 이야기를 해선 안 된다는 생각 같은 건 전혀 안 하는 것 같아요. 마치 애들 눈에는 내가 생명이 없는 물건처

**뚱뚱해, 뚱뚱해,
나는 뚱뚱해……**

럼 보이나 봐요. '나도 뚱뚱한 게 마음에 들지 않아.'라고 사람들에게 굳이 말하진 않았지만, 간혹 어떤 남자아이가 나를 마음에 들어 하기라도 한다면 나도 모르게 그 사실을 이해시키려고 애쓰곤 했어요.

그런데 정말로 끔찍한 일은 여자아이들이 나를 비웃는 거예요. 여자들끼리는 서로 도와야 하는 것 아닌가요?

누군가 몸무게 때문에 나를 놀리면, 아무 대답도 하지 않고 마치 아무 말도 못 들은 척 행동해요. 그러고는 내 귀를 꼭 막아 버리곤 하죠. 그런 말을 듣는 것을 피하려고 매점에서든 운동장에서든 아무 것도 먹지 않았고, 가능한 한 헐렁한 옷만 골라서 입고 다녔어요. 사람들 눈에 띄지 않으려고 대체로 검은색이나 회색 옷을 입어야 했어요. 내가 정말로 원하는 것은 투명인간이 되는 것이었다니까요.

다행스럽게도 나를 이해해 주는 친구들이 있었어요. 친구들은 나에게 신경 쓰지 말라고 하지만, 정말 쉽지 않았어요.

아주 어렸을 때부터 다이어트 하는 법을 배우기도 했어요. 엄마한테 병원에 데려가 달라고 부탁까지 했는데 그때가 초등학교 4학년이었어요. 처음에는 아주 효과가 있어서 5, 6 킬로그램 정도 빠졌어요. 그래서 기분이 꽤 좋아졌었는데 그래도 학교에서는 여전히 놀림을 받았어요.

그러던 어느 날, 체육관 바닥에서 앉아 절망하고 있는데 한 여자선생님이 이렇게 말씀하시는 거예요. "너도 알겠지만, 살을 빼는 건 단지 의지가 있느냐 없느냐의 문제일 뿐이야." 모든 아이들이 다 지

24

켜보고 있는 데서 말이에요.

먹는 것을 더 줄일 수는 없었어요. 사실 나는 대식가거든요. 그런 내가 이미 5킬로그램이나 뺐다는 것은 엄청난 노력의 결과였어요. 그 일로 정말 슬펐어요. 선생님들조차 나를 한심하게 생각한다는 것을 알았으니까요.

문제는 다이어트를 할 때마다 살이 몇 킬로그램 정도 빠지긴 했지만, 금방 다시 더 찐다는 것이었어요.

살이 더 찔 때마다 먹은 것을 토해 내려고 노력했어요. 그것이 원하는 것을 다 먹으면서 살을 뺄 수 있는 가장 효과적인 방법이라는 이야기를 인터넷에서 본 적이 있었거든요. 하지만 한 번도 성공하지 못했어요. 나는 사실 토하는 것이 싫어요. 토할 때마다 불안했어요. 게다가 너무 지저분하게 느껴지기도 했고요. 그래서 그 방법도 잘 먹히지 않았어요. 회충을 한번 삼켜보라고 충고하는 글도 인터넷에서 보았어요. 하지만 벌레를 많이 먹지는 말라더군요. 그래서 나는 여전히 뚱뚱해요.

내가 정말로 원하는 것은 위가 좁아져서 더 이상 먹고 싶은 생각이 들지 않도록 '위축소술'을 받는 거예요. 왜냐하면 매일같이 놀림받으면서 사는 건 정말 싫으니까요. 하지만 엄마와 의사 선생님이 그 방법을 반대하고 있어요. 건강에 해롭다고요. 어른 동의 없이 시술을 받으려면, 나는 5년을 더 기다려야 해요. 지금 내가 궁금한 건 그 시간 동안 내 인생을 지옥으로 만드는 사람들에게 어떻게 대응해야 하느냐는 거예요. 왜냐하면 학교에는 괴롭힘을 당하지 않는 뚱뚱한 여학생들도 분명히 있거든요.

여러분의
생각은
어떤가요?

▶ 마리아에게 추천해 줄 만한 180도 전략이 있을까요?

▶ 마리아의 학교에는 다른 뚱뚱한 여자아이들도 있는데, 그 아이들은 놀림을 받지 않은 이유가 무엇일까요?

▶ 이 이야기에서 마리아에게 가장 가혹한 사람은 누구라고 생각하나요?

▶ ▶ ▶ 상담 선생님의 제안

 여자아이들만 마리아와 같은 고민을 하는 것은 아니에요. 남자아이들 중에서도 뚱뚱하다는 이유로 놀림을 받는 경우가 물론 있습니다.

하지만 음식을 거부하거나 토하는 신경성 식욕부진이나 거식증과 같은 문제, 혹은 끊임없이 살을 뺐다가 다시 찌는 문제로 상담실을 찾아오는 어린이나 청소년의 대다수는 여자아이들입니다. 요즘 사회는 여자아이들에게 무리하게 날씬한 몸매를 요구합니다. 아이들 스스로 마음속 깊이 원하지 않는 것을 사회가 억지로 요구하기 때문에 몸에 병이 생긴 것과 같은 거죠.

이런 상황에서 180도 전략을 잘 사용하려면, 우선 주변 사람들이 당사자를 어떻게 대하고 있는지, 문제가 어디에서 발생했는지를 잘 살펴봐야 합니다. 특히 당사자가 직접 해 봤지만 아무런 효과가 없었던 방법은 무엇인지 알아보고, 이제는 그와 정반대로 행동해 보기를 시도할 단계라고 볼 수 있습니다.

마리아의 고민을 한눈에 알아볼 수 있도록 오른쪽의 그림과 같이 표현해 보았습니다.

이 상황에서 점선 화살표 부분은 바로 중단해야 할 태도입니다. 이 화살표들은 문제를 더 악화시킬 뿐입니다.

어쩌면 지금 마리아에게 가장 위험한 화살표는 바로 마음속에 있는 말입니다. '살을 뺄 수만 있다면 뭐든 다 할 거야'. 마리아의 이 생

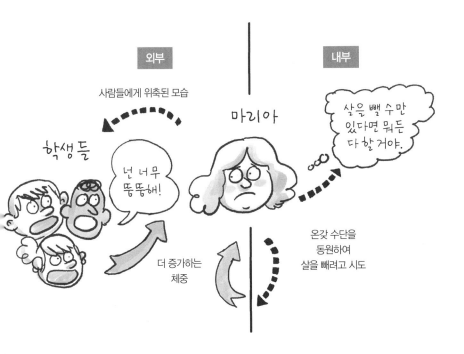

각을 통해 여자들이 살아남기 위해서는 무조건 날씬해야 한다는 사회적 강요를 마리아가 마음속으로 받아들였다는 사실을 확인할 수 있습니다. 마리아는 뚱뚱한 채로는 절대로 행복할 수 없다고 믿고 있습니다. 이렇게 자신의 몸을 절대적으로 거부한다면 자신을 있는 모습 그대로 책임지고 존중하기가 더 어려워지게 됩니다.

　마리아에게는 매우 고통스러울 수 있지만, 문제로부터 비로소 벗어날 수 있으려면 용기가 필요했습니다.

　"마리아, 선생님은 학교에서 너를 비웃거나 괴롭히는 사람들에게 상처받지 않고 대응할 수 있도록 너를 도와주고 싶단다. 그러려면 우선 네게 아주 힘든 질문을 해야만 할 것 같아. 물론 지금 당장 대답할 수는 없을 거야. 어쩌면 넌 울음을 터뜨릴지도 몰라. 하지만 말이야, 지금 선생님의 질문에 대해 생각해 보는 일은 아주 중요해. 이 과정을 외면한다면 마리아 너는 한 발짝도 앞으로 나아가지 못할 수 있어. 네가 가진 고통은 지금 그대로일 수밖에 없을 테니까. 네가 어떤 노력, 예를 들어 금식이나 식이요법을 하거나 수술을 받는다고 하더라도, 너 스스로 계속 뚱뚱할 거라고 확신하면서 동시에 살을 빼는 데만 집착한다면 바뀌는 건 결국 아무것도 없지 않을까? 그렇다면 뚱뚱한 사람을 좋아하지 않는 이 세상에서 앞으로 네 인생을 위해 스스로 할 수 있는 것이 과연 뭐가 있을까?"

마리아는 한참 동안 아무 말도 하지 않았습니다. 한 번도 생각해 본 적이 없던 질문이었으니까요. 마리아는 이 질문에 대해 생각해 보아야 한다는 사실에 진심으로 슬픈 듯이 보였습니다. 이제껏 마리아는, 언젠가는 반드시 날씬해져야 한다는 굳은 목표를 가지고 있었습니다. 그때까지 주변 사람 모두가 자기와 반대되는 말을 한다고 하더라도 말입니다.

나는 다음 상담까지 이 질문에 대해 매일 5분씩만 생각해 보라고 다독였습니다.

다음 상담 시간이 되어 마리아가 이야기를 시작했습니다.

"선생님, 보름 동안 아주 이상한 기분이 들었어요. 그날 이후로 많이 울었어요. 그런데 시간이 지날수록 희한하게 슬픔이 위로가 되어 주는 거예요. 마치 내면에 있던 무언가가 무너져 내리는 것 같은 기분, 그런 거였어요. 사실 그 무언가는 긍정적인 것도, 그리 중요한 것도 아니었어요. 그러다 보니 선생님 질문에 대한 답이 확연히 떠오르는 것 같았어요. 내가 변화시켜야 할 것은, 다른 게 아니라 원하는 것이 있으면 마음 편히 먹어도 좋다는 거였어요. 이젠 정말 마음 껏 즐길 거예요!"

나는 마리아를 보며 웃어 주었고, 마리아는 말을 계속했습니다.

"정말 멋지지 뭐예요! 이런 내 생각을 공개적으로 보여 준다면 더 좋을 것 같아요! 하지만 그러기 위해서는 필요한 게 있어요. 학교에 서 나를 놀리는 아이들의 입을 다물게 할 확실한 방법이요."

"그래 맞아! 이렇게 하는 건 어떠니? 우선, 눈에 띌 만한 사건을 하나 만들어 보는 거야. 이런 모습 한번 상상해 볼래? 내일 초콜릿 빵을 하나 사가지고 모두가 너를 지켜볼 수 있는 운동장에서 그걸 먹는 모습을 보여 주는 거야. 네 곁을 지나는 사람들을 똑바로 쳐다 보면서 말이야. 네 생각에 무슨 일이 일어날 것 같니?"

"몇몇 아이들은 가던 길을 멈추고 이렇게 말하겠죠. '이런 흉한 모 습으로 마구 먹어대는 꼴이라니, 부끄럽지도 않아? 너는 거울도 안 보냐? 어떻게 또 먹을 수가 있어?'라고 말이에요."

"만일 네가 그 아이들한테 다가가서 이렇게 말한다면 어떤 상황 이 벌어질까? '그래, 네 말이 맞아, 난 정말 뚱뚱해. 그래서 지금 엄 청 조심하고 있다고. 너를 내 가슴으로 밀쳐서 운동장 반대쪽으로 날려 보내지 않으려고.' 이렇게 말이야."

"우와, 선생님. 어쩌면 걔가 나를 때리려고 덤벼들지도 모르겠는 데요."

"그런 경우라면 넌 어떻게 하면 좋을까?"

"일단 나를 방어해야죠. 그리고 어쨌든 침묵만 지키지 않고 무언 가를 했다는 것은 꽤 의미 있는 것 같아요. 쉽지 않은 일이니까요."

"바로 그거야. 하지만 조심할 게 있어. 그건 아주 어려운 문제거든. 게다가 위험하기도 하고 말이야. 가장 좋은 것은 네가 친한 친구들에게 그 문제에 대해 미리 이야기하고 의견을 들어 본 뒤에 함께 결정하는 거야."

"그럴게요. 좋은 의도로 싸움을 하는 거라면 제 친구들은 모두 옆에 있어 줄 거예요. 확실해요." 마리아가 미소를 지었습니다.

얼마 뒤 마리아는 친구들과 의논을 했고, 친구들은 마리아를 돕겠다고 했습니다. 마리아는 초콜릿 빵을 하나 사서 힘차게 한 입 베어 물었습니다. 자신을 놀리던 아이들을 당당하게 쳐다보면서 말이지요. 그런데 어찌된 일인지 아무도 마리아에게 말 한마디 하지 않았습니다. 그러니 어떤 소란도 일어날 이유가 없었습니다. 마리아는 이 상황에 몹시 흥분하지 않을 수 없었지요.

그날 이후 마리아를 놀라게 한 일은 또 있었습니다. 무려 한 달 동안 단 1그램도 찌지 않았다는 사실입니다. 자신의 몸에 대해 이러쿵저러쿵 트집 잡는 사람들에게 대응하기 위해 짰던 우리의 전략을 마리아는 소중하게 기억하고 있습니다. 그리고 앞으로도 계속 그럴 거라고 생각합니다.

여러분의
생각은
어떤가요?

그날 이후, 학생들이 더 이상 마리
아의 몸무게에 대해서 놀리지 않
았던 까닭이 무엇이라고 생각합니
까?

심리상담가의 도움말

인간 관계로 고통받고 있을 때, 우리는 종종 무슨 수를 쓰든지 이 관계를 피하려고만 합니다. 스스로 몸을 잔뜩 움츠린 채, 고통을 주는 사람들을 보는 것조차 외면합니다. 그리고 가능한 한 사람들의 눈에 띄지 않으려고 애쓰게 되죠. 하지만 이런 시도는 오히려 고통을 주는 사람들에게 그들이 가장 강력한 힘을 가지고 있고, 주도권을 쥐고 있다는 신호를 보낼 뿐입니다. 결국 그들에게 같은 행동을 계속하게 하는 결과를 만들어 냅니다. 마리아는 어떻게 대응해야 할지를 알게 된 순간부터 더 이상 몸을 움츠리지 않았습니다. 이 미묘한 태도의 변화와 더불어 마리아는 자신이 두려워하던 것을 똑바로 쳐다보게 되었고, 이러한 태도는 그녀를 공격하던 사람들에게 완전히 다른 신호를 보낼 수 있었습니다. 그렇기 때문에 그들의 사기를 완전히 꺾어 놓을 수 있었던 것입니다.

33

성과 젠더

성은 인간을 신체적 생물학적 특징에 따라 구분한 것이며, 젠더는 사회적 문화적 특징에 따라 구분한 것입니다. 성은 인류를 남자와 여자로 구분하고, 젠더는 사회를 문화적 차이와 가치관에 따라 남성과 여성으로 구분합니다. 오랫동안 성과 젠더는 완벽하게 일치한다고 말해 왔지만 20세기 중반부터 사회가 규정하는 방식 외에 수많은 방식으로 남자나 여자가 될 수 있으며, 여성의 성을 가지고 태어났다 하더라도 스스로를 남성이라고 생각하거나 또는 그 반대의 경우가 있을 수 있다고 주장하는 목소리가 높아지고 있습니다. 심지어 몇몇 사람들은 하나의 젠더로 제한되는 것을 거부하기도 하는데, 이것은 여전히 민감하고 이해하기 복잡한 문제입니다!

성차별

성차별은 성, 특히 여성에 대한 차별적인 태도를 가리

킵니다. 여성은 남성보다 열등하다는 이유로 여성의 가치를 폄하하고 여성에 대해 지배력이나 권력을 행사하려는 태도입니다. 이 때문에 '남성우월주의자', '여성혐오' 등의 말을 '성차별'과 같은 의미로 사용하는 경우가 많습니다.

몇 가지 사례를 통해 살펴본 성차별

• 1896년에 피에르 드 쿠베르탱(Pierre de Coubertin)이 근대 올림픽 경기를 창설했을 때, 여성의 인체가 몇몇 충격을 견디기에 적합하지 않다는 이유로 여성의 참여를 금지했습니다.

• 프랑스에서 여성의 투표권은 1944년에 처음으로 주어졌습니다. 은행 계좌는 '남편'의 허락 하에 1965년 처음으로 개설할 수 있었습니다.

• 위대한 인류학자인 프랑수아즈 에리티에(Francoise Héritier)는 대학에서 남성 동료들과 연구 과제에 대해서 열띤 토론을 할 때면 필기할 사람이 필요할 때만 그들이 자신을 주목하곤 했다고 말했습니다.

• 아카데미 프랑세즈 (l'Academie francaise)에서 '아카데미 프랑세즈 회원'인 남성들 옆에 여성이 자리를 차지하기까지 거의 3세기 반이라는 긴 시간이 걸렸습니다. 이 때문에 소설가인 마르그리트 유르스나르(Marguerite

35

Yourcenar)는 1980년이 되어서야 최초의 여성 회원이 될 수 있었습니다. 규정 어디에도 여성은 회원이 될 수 없다는 문구가 없었는데도 말입니다.

• 2015년까지 파리의 판테온 사원에는 단 두 명의 여성 과학자인 마리 퀴리(Maria Curie)와 소피 베르틀로(Sophie Berthelot) 만이 묻혀 있습니다. 그나마 소피 베르틀로의 경우는 남편인 화학자 마르슬랭 베르틀로와 떨어져 있고 싶지 않다고 밝혔기 때문입니다.

남성우월주의와 마쵸

남성우월주의는 모든 상황 속에서 남성이 여성보다 위에 있다고 믿으며, 그렇기 때문에 여성은 단지 하급한 일에만 적합하다고 생각하는 것입니다. 마쵸의 경우도 이와 큰 차이가 없습니다. 세상은 여성과 남성 두 집단으로 나뉘고 각자 자신의 자리를 지키는 것이 중요한데, 여성 집단은 신체적 매력, 가정, 아이를 우선시해야 한다고 생각합니다.

리종
12세

"머리카락을
기르는 게 어때!"

아주 어렸을 때부터 사람들은 나를 선머슴 취급했어요. 사람들이 이렇게 말하는 게 정말 싫었어요. 나는 단지 나일 뿐이고 충분히 잘 지내고 있다고 생각하거든요.

그건 다 내가 언니나 사촌들과 다르기 때문이에요. 나는 짧은 머리에 편한 옷을 입고 달리기와 축구하는 걸 좋아해요. 당연히 원피스나 반짝이는 장식이 달린 옷은 좋아하지 않죠. 게다가 정말 싫은 건 이제 가슴이 언니처럼 나오기 시작했다는 거예요. 내가 보기에 언니 가슴은 너무 커서 보기 흉해요.

학교에서는 그럭저럭 지낼 만해요. 내가 여자인지 남자인지 물어보면서 주위로 몰려드는 아이들에게는 이렇게 말해요. 200유로를 내면 알려주겠다고. 그러면 순식간에 모두들 조용해지거든요.

하지만 우리 가족이나 친척 어른들에게는 그렇게 말할 수 없잖아요. 지금 이 순간에도 나를 가장 짜증 나게 하는 게 뭔지 아세요? 아빠를 제외하고는 모든 사람들이 언제나 내 몸에 대해서 이러쿵저러쿵 말들이 많다는 거예요.

아마 다섯 살 무렵이었을 거예요. 엄마가 엄마 취향대로 나에게 끔찍한 옷을 입히던 시절이었죠. 그때의 사진을 쳐다보는 엄마의 표정을 한번 봐야 해요. 엄마는 이런 말을 하곤 해요. "리종, 너한테 이 장미꽃 무늬 원피스가 얼마나 잘 어울리는지 한번 보렴. 그때 너는 정말로 예뻤어. 그런데 솔직히 지금은 좀 엉망진창이지 뭐니. 엄마는 정말 머리가 아파 죽겠어."

나도 머리가 아프다고요……

이제 엄마 취향 따위는 전혀 신경 쓰지 않는다는 것을 보여 주고, 특히 엄마가 좋아하는 '샤랄라한' 옷들을 사지 않도록 하기 위해서 나는 일부러 토하는 자세로 공을 드리블하는 척했어요. 하지만 엄마가 완전히 포기하는 일은 절대로 없을 거예요. 엄마는 진심으로 내가 다섯 살에 입었던 장미꽃 무늬 원피스를 다시 입기를 원했으니까요! 하지만 그건 정말 이상한 일 아닌가요? 엄마도 바비 인형을 가지고 놀 나이는 벌써 지났는데 어떻게 그렇게 말씀하시죠? 하지만 차마 그런 말까지는 할 수 없었어요. 그런 너무 공격적인 말이니까요. 사실 엄마는 이런 문제만 빼고는 좋은 엄마예요.

할아버지는, 그게 정상이기는 하지만 노인 취향의 유머, 다시 말해서 별로 웃기지도 않은 말을 반복하는 경향이 있는데, 나에게 매번 이렇게 인사를 해요. "안녕, 총각!" 그런 다음에 스스로 흡족한 듯 미소를 지어요. 그러면 나는 웃는 척해요. 왜냐하면 나도 할아버

지에게 "안녕, 늙은 어릿광대!"라고 인사하고 싶은 마음이 굴뚝같거든요. 하지만 나는 그래서는 안 된다는 것을 잘 알고 있어요. 왜냐하면 할아버지도 그런 것만 빼고는 친절하시니까요.

할머니는 마치 꿀단지에 독이 든 걸 발견하기라도 한 것처럼 끔찍하다는 표정으로 말해요. "너는 머리를 기르고 싶지 않니? 그러면 예쁠 텐데……." 그럴 때면 그 아래 이런 자막이 지나가죠. '그렇기 때문에 너는 충분히 못생겼고, 우리 눈에는 그게 거슬려.' 내가 대답했어요. "아뇨, 할머니, 난 짧은 머리가 좋아요." 그리고 나는 생각해요. '할머니의 파마머리도 몹시 흉하다는 말은 차마 못하겠어요.' 정말 맹세컨대 나는 그렇게 말하고 싶었어요. 하지만 그렇게 말했다면 엄마가 힘들어졌을 거예요.

우리 이모는 심리학자인데 아주아주 최악이에요. "그렇다면 너는 주로 남자아이들과 함께 노니, 리종?" "네, 두 명 정도 친한 친구가 있어요." 곤란한 질문을 그만하게 만들려고 일부러 이렇게 대답했는데, 그러면 이모는 나를 이상한 눈빛으로 한번 쳐다보고는 목소리를 낮춘 채 엄마

이모, 제발……
심리학자시잖아요.

와 몹시 걱정스러운 얼굴로 이야기를 나누는 거예요. 그건 정말정말 화나는 일이에요! 나는 나에게 결함이 있다고 전혀 생각하지 않거든요!

바로 그런 순간마다 아빠를 쳐다보면, 아빠는 저에게 윙크를 보내요. 그러면 그게 조금 위로가 돼요. 하지만 아빠는 이런 문제 때문에 엄마와 여러 차례 다투기도 했어요. 한번은 엄마가 아빠에게 이렇

게 말하는 것을 엿들은 적이 있어요. "언니 말이, 당신은 리종을 딸이 아니라 아들로 키우는 것 같대. 그래서 아이가 여성적인 것이라면 모두 거부하는 게 아니냐고 말이야. 그러니까 당신도 노력을 해야 해, 크리스토프." 아빠는 이렇게 대답했어요. 제 생각에는 아주 좋은 대답인 것 같아요. "만일 당신 언니가 현명하다면, 앞으로 알게될 거야. 리종을 그냥 내버려두자고. 그 아이는 아주 잘 자라고 있으니까." 아빠가 이렇게 말할 때가 정말 좋아요. 하지만 아빠가 그렇게 말해 준다고 해서 내 문제를 크게 바꾸지는 못한다는 점도 고백하지 않을 수가 없네요.

솔직히, 주위 사람들이 말하는 대로 행동한다면 더 편해지지 않을까 하는 생각을 여러 차례 해 보기도 했어요. 하지만 치마를 입거나 긴 머리를 묶은 제 모습을 상상만 해도 불편해지는 걸 어떡해요. 나 스스로에게 강요할 필요는 없다고 생각해요. 왜냐하면 내 몸이고, 내 인생이고, 결국 모든 것을 결정하는 것은 나인 것 맞잖아요. 하지만 이제는 사람들이 나에게 그런 말을 그만하도록 할 수 있는 방법을 정말 찾고 싶어요, 선생님.

**여러분의
생각은
어떤가요?**

▶ 여러분은 리종이 모든 사람들에게 똑같은 180도 전략을 써야 한다고 생각하나요? 아니면 상대에 따라 각기 다른 전략을 써야 한다고 생각하나요?

리종은 다음과 같은 어려움을 겪고 있습니다.

▶ 만약 리종이 계속해서 하고 싶은 말을 하지 못한다면 어떻게 될까요? 가족 중 누구와도 불편해지고 싶지 않은 마음 때문에 말이에요.

▶ 만약 리종이 자신의 옷 입는 방식에 대해서 하고 싶은 말을 한다면 어떻게 될까요? 자신에게 간섭하는 사람들과 불편하게 지내는 것을 감수해서라도 말이에요.

▶ 리종이 아빠를 제외한 가족들에게 보낼 메시지를 작성하고 있습니다. 문장을 완성해 보세요.

내 외모나 신체에 대해 부정적인 말을 하거나 놀리지 않는 것이 힘든 일이라는 것을 잘 알지만, 이것만은 알아두시면 좋겠어요.

그래도 계속한다면, 저는 특별한 방법을 쓸 수밖에 없습니다.

그래야 저를 향한 비난을 멈출 테니까요.

▶ ▶ ▶ 상 담 선 생 님 의 제 안

 나는 리종에게 이렇게 말했습니다. "자신이 사랑하는 사람들로부터 비난의 대상이 된다는 것은 매우 슬픈 일이야."

"있는 그대로의 자기 모습을 거부당하는 것은 정말 고통스러운 일이야. 그래서 선생님은 네가 아주 많이 힘들 거라는 것을 이해해. 하지만 네가 아무런 말도 하지 않는다면, 주변 사람들이 계속 그러는 것도 당연할 수 있어. 가족들은 그 말이 너에게 정말로 어떤 의미일지 깊이 생각하지 않을 테니까. 가족들을 힘들게 하고 싶지 않아서 아무 말도 하지 않는다면, 가족들이 너에게 상처를 줄 수 있는 여지를 오히려 네가 계속 주고 있는 것과 같아. 그걸 원하는 게 아니잖니. 가족들에게 네 생각을 말한다면 아마 처음에는 어느 정도 불쾌해할지도 몰라. 하지만 어느 쪽이 덜 힘든 방법일까? 결정할 수 있는 사람은 오로지 너뿐이야. 가족들에게 상처주지 않는 대신 성차별적인 비난을 혼자 계속 감수할지, 혹은 불편할지도 모르는 상황이 되더라도 가족들에게 말을 할지 말이야."

"솔직히 말하면 이제 지쳤다고 해야 할까 봐요. 좀 불편해지더라도 가족들에게 솔직히 말할 각오가 되어 있어요. 그런다고 해서 심하게 곤란한 상황은 생기지 않을 것 같아요."

"그래, 그렇다면 방법을 생각해 볼 수 있겠구나, 리종. 상황에 따라 가족들 각자에게 말하는 것이 좋을까, 아니면 다 모인 데서 한 번에 하는 것이 좋을까? 어떤 방법이 더 좋을 것 같니?”

리종은 잠시 머뭇거리더니 엄마랑 단둘이 먼저 이야기해 본 뒤에, 다른 가족들은 할아버지 댁에 모여 식사하는 자리에서 말하는 것이 좋겠다고 했습니다. 어떻게 하든 리종은 가족들의 말 때문에 그동안 얼마나 힘들었는지 표현할 필요가 있었습니다. 더 이상은 가족들의 요구에 맞춰 줄 수 없을 거라고 스스로 판단했기 때문입니다.

그래서 나는 리종에게 이렇게 제안했습니다.

“엄마에게 이렇게 말해 보는 게 어떠니? ‘죄송해요, 엄마. 저는 절대로 엄마가 원하는 모습의 딸이 될 수는 없을 것 같아요. 그러니 제 외모에 대해서 충고하느라 헛된 시간을 보내지 않으셨으면 좋겠어요. 저도 힘들고 엄마에게도 공연한 헛수고가 될지 몰라요.’ 다른 가족들에게도 미안하지만 절대로 변할 것 같지 않다고 분명히 밝혀도 좋아. 혹시 이 말에 가족들이 지나치게 실망한다면, 어쩌면 가족들과 만나는 횟수를 줄이는 것이 좋을 수도 있어. 그렇게 하지 않는다면 네 할머니, 할아버지, 이모를 비롯한 모두와의 관계가 계속해서 힘들어질 테니까 말이야. 그들 눈에 너는 여전히 남자아이처럼 보이거나 충분히 여성스럽지 않을 거야. 그런 이유로 너를 계속 비난하겠지. 중요한 것은, 힘들겠지만 너에게 상처가 되는 말이 무엇인지 가족들에게 분명히 말해 주는 게 필요해. 가능한 한 객관적이고 담담한 태도로 말이야. 각자가 되돌아볼 수 있도록.”

그리고 중요한 사실을 하나 덧붙였습니다.

“만약 가족들에게 네 생각을 전한 뒤에도 계속해서 네 외모에 대해 불편한 말로 지적한다면, 아빠에게 집으로 데려가 달라고 진지하게 요구하는 것도 하나의 방법이 될 수 있어. 아주 사소한 표현이라도 말이야. 가족들 모두가 네 결심이 확고하다는 것을 느끼는 것이 무엇보다 중요하니까."

리종은 이내 엄마에게 편지를 썼습니다. 편지를 읽은 엄마는 리종에게 사과하면서 눈물을 흘렸습니다. 그리고 더 이상 리종에게 원피스나 치마에 대한 이야기를 하지 않았습니다.

가족이 다 모인 식사 자리에서 리종이 자신의 의견을 말한 그날, 리종에게는 아빠에게 집으로 데리고 가 달라고 부탁할 일도 일어나지 않았습니다.

그로부터 시간이 한참 지난 뒤, 리종은 할아버지가 어떻게 변했는지 말해 주었습니다.

"우리 할아버지요? 아주 재미없는 농담을 계속 하시긴 해요. 하지만 더 이상 제 외모에 대한 농담은 안 해요."

루시
12세

"넌 진짜 여자가
아니야, 가슴이
절벽이잖아!"

나는 우리 엄마랑 달라요. 가슴이 없어요. 너무 작아서 없는 것과
마찬가지라고요. 게다가 내 가슴은 이미 성장을 멈춘 것 같은 기분
이 들어요.

몇 달 전까지만 해도 이런 일에는 전혀 신경 쓰지 않았어요. 대다
수의 남자아이들이(심지어 여자아이들까지) 이 두 개의 돌출 부위에
왜 그렇게 관심이 많은지 이해되지 않았어요. 그런데 한 무리의 여
자아이들이 내가 지나갈 때마다 나를 '납작가슴'으로 부르면서부터
문제가 생기기 시작했어요. 쉬는 시간 최고의 놀거리인 것처럼 그
아이들은 나를 놀리는 데 많은 시간을 보내는 것 같았어요. 이런 식
으로 말이에요.

"저기 좀 봐, 납작가슴 지나가신다!"

"……."

"납작가슴, 왜 아무 대답이 없어? 병에 걸린 거 아냐? 그래서 가슴이 그렇게 평평한 것 같은데?"

"……."

"계속 그러면 나중에 연애는 어떻게 할래?"

"상관없어. 신경 쓰지 마."

"뭐라고? 우리는 네가 진짜 여자가 되도록 도와주려는 거야. 오히려 우리한테 고마워해야 한다고. 밤마다 마사지는 해 봤어? 그 방법이 효과가 있는 것 같다던데."

"알았으니까 지금은 날 좀 그냥 내버려 둬."

"알았어, 알았어. 울지 마. 아 참, 그러면 넌 손 없는 장님하고 결혼하면 되겠네. 아니면 뭐 성형수술을 하던가. 그런데 집 안에 숨어 있지 않고 외출할 때는 어떤 방법을 쓰는지 정말 궁금해. 내가 너라면 아주 우울할 것 같거든. 왜 남자들 중 단 한 명도 너를 쳐다보지 않는지 잘 알고 있겠지? 하긴, 옆에서 보면 거의 게시판 수준이니까."

어떤 아이는 이렇게 말하면서 지나가기도 했어요.

"아, 납작가슴은 정말 평평해!"

"……."

나 참,
기가 막혀서……

"꼭 남자 같지 않아?"

"아니면 어린애 가슴을 가진 중학생 소녀? 오케스트라 무대에 설 때도 연주복 대신 그냥 수영복 상의를 입어도 되겠어. 티가 전혀 안 날 테니까. 큭큭."

48

"…….."

"너, 솜으로 된 뽕을 속옷에 넣어 본 적은 있지? 조금이라도 덜 이상해 보이려고 말이야. 너처럼 하고 다니는 애는 우리 학년에서 너밖에 없다는 건 알고 있어? 내가 너라면 부모님을 원망하겠다."

납작가슴……
납작가슴……
납작가슴……

아이들은 그런 식으로 나를 놀렸어요. 저녁마다 왓츠앱(역주 : 메신저 애플리케이션)으로 또 어떤 짓궂은 장난을 칠지 준비하는지도 몰라요. 정말이지 그런 주제에 대해서라면 아주 창의적이거든요. 납작가슴, 납작가슴, 납작가슴……. 이제는 밤에도 그 단어가 내 귓가에 계속 맴돌아요. 정말 미칠 것 같아요.

처음에는 아무렇지 않게 보이려고 아이들의 놀림이 재미있는 척하기도 했어요. 하지만 효과가 없었어요. 분명히 어색하게 보였겠죠. 그래서 지금은 거의 아무런 대꾸도 하지 않아요. 혹시라도 그 방법이 아이들을 조용하게 만들지 않을까 해서요. 하지만 그 방법도 그리 잘 먹히지는 않아요. 이따금씩 아무 말도 하지 않는 것에 스스로 싫증이 나서 아이들에게 제발 그만 하라고 소리치기도 해요. 하지만 그건 분명 아이들을 다시 자극할 뿐이었어요.

이젠 어떤 방법으로도 안 돼요. 아이들을 멈추게 할 방법이 없는 것 같아요. 심지어 친구인 쥐스탱과 메흐디와의 사이까지 멀어지게 만들었어요. 아이들이 놀릴 때마다 그 친구들이 너무 불편해했거든요. 한 번은 메흐디가 아이들에게 너무 심하다고 따졌어요. 그랬더

메흐디를 보고 호모라니……

니 갑자기 메흐디한테 호모 어쩌고 하면서 공격하는 거예요. 그 뒤로 메흐디와 쥐스탱은 쉬는 시간에 나와 함께 있으려고 하지 않았어요. 솔직히 말하면 메흐디와 쥐스탱을 이해할 수 있어요. 쥐스탱이 이렇게 말한 적이 있어요.. "미안해, 루시. 하지만 우리도 이젠 너무 힘들어." 나는 이렇게 대답해야 했어요. "걱정 마, 이 바보 집단의 피해자는 나 하나로 충분하니까. 공연히 너희들까지 당할 필요는 없어." 그때부터 우리는 학교 밖에서만 만나는 사이가 되어 버렸어요.

그 애들과 마주치지 않으려고 늘 노력하지만, 정말 피할 수가 없어요. 쉬는 시간이면 어떻게 해서든지 나를 찾아낸다니까요. 일부러 찾으러 다니는 것이 분명해요. 그건 그 아이들의 하루 일과 중 가장 재미있는 일인 거죠. 그렇다고 해서 그 애들을 대하기가 겁나는 건 아니에요. 솔직히 그 애들이 그리 강하다는 생각은 들지 않으니까요. 저는 단지 어떻게 대응해야 할지 모를 뿐인걸요. 릴라라는 아이가 그 무리의 대장 노릇을 하는데, 누구보다 걔를 꼼짝 못하게 만들고 싶어요. 어떻게 해야 하죠? 그런데요 선생님, 지금 저한테 가장 끔찍한 것이 뭔지 아세요? 요즘 들어 제가 거울을 자꾸 들여다본다는 사실이에요. 혹시 가슴이 조금이라도 더 나오지 않았나 하면서요. 그래야만 놀림도 멈추게 될 테고, 모든 것이 비로소 평온해질 것 같다는 생각이 들어요.

여러분의
생각은
어떤가요?

루시가 자신을 괴롭히는 여자아이들 무리에게 적절하게 대응할 수 있도록 어떤 도움을 줄 수 있을까요?

루시의 문제를 해결하기 위해서는 먼저 알아야 할 것이 있었습니다. 나는 루시에게 그 무리의 대장이라는 릴라의 가슴이 큰지 어떤지 먼저 물어보았습니다. 상대방 신체의 자세한 특징에 대해 물은 이유는, 우리가 성차별적인 공격에 대응해서 세울 전략은 문제 상황뿐만 아니라 상대방의 특징에 따라 '적절해야' 하기 때문입니다.

성차별적인 행동을 멈추게 하려면 공격자의 특성을 이용해서 대응할 필요가 있습니다. 피해자가 공격자보다 더 논리적이고 강하게 보이게 하려면 말입니다. 루시는 릴라의 가슴이 정말로 크다고 대답했습니다. 그래서 나는 이렇게 제안했습니다. "루시, 다음에 그 아이들이 또 너를 성차별적인 별명으로 부른다면, 네가 이렇게 대답하는 모습을 한번 상상해 보는 거야. '릴라, 너 그거 아니? 사람은 가슴과 뇌 중에서 딱 하나만 선택해야 하는 경우도 있다는 걸 말이야. 너라면 분명히 내가 지금 보고 있는 것을 선택할 것 같은데, 아니니?' 그럼 릴라는 어떻게 반응할까?"

루시가 웃음을 터뜨렸습니다.

"하하하, 아마 그 말에 아무런 대답도 하지 못할 것 같은데요. 하지만 나중에는 이렇게 말할지도 모르겠어요. '뭐라고? 야, 납작가슴. 너 아주 미쳤구나?' 물론 말투는 다르겠지만요."

"그럼 너는 이렇게 대답하는 거지. '아니, 난 아주 멀쩡하거든? 이 바퀴벌레 아이큐야, 고마워.' 그리고 그때부터 넌 그 애가 다가오

는 모습이 보일 때마다 커다란 가슴을 흉내 내면서 '바퀴벌레 아이큐'라고 부르는 거야. 멀찍이서 이 동작을 해 보이는 것만으로도 그 애를 도망가게 만들기 충분할 거야."

"선생님, 쥐스탱과 메흐디에게 미리 얘기해 둘까 봐요. 저와 함께 있다가 그 장면을 직접 봐 달라고요. 쥐스탱과 메흐디가 저한테 죄책감을 느끼고 있으니까, 현장에서 도와달라고 하면 그 친구들에게도 도움이 되지 않을까요? 저로서는 같은 편이 되어 줄 청중을 미리 확보하는 셈이고요."

"그래! 좋은 생각이야."

그로부터 며칠 뒤 루시는 두 친구와 함께 릴라가 다가와서 시비 걸기를 기다리며 한동안 운동장을 어슬렁거렸다고 했습니다. 하지만 릴라 무리는 더 이상 루시에게 아무 말도 걸지 않았다고 합니다! 이 일은 루시를 매우 기운 빠지게 만들었는데, 루시는 그 순간을 놓치지 않고 능숙하게 반격하기 위해 사전에 엄마와 연습까지 했기 때문입니다. 이렇게 단순한 태도의 변화만으로도 성차별적인 공격을 하는 이들의 기를 꺾어놓을 수 있습니다. 루시도 바로 그런 경우입니다.

● 바 로 지 금 ●

연습해 보세요

▶ 만약 릴라의 가슴이 보통 크기였다면, 여러분 생각에는 어떤 방식으로 반격할 수 있었을까요?

(예 : "릴라, 너도 알겠지만 사람은 가슴과 뇌 사이에서 딱 하나만 선택해야 할 경우가 있어. 겉으로 봐도, 너는 좀 망설여지겠네. 아무것도 선택할 것이 없어 보이는걸. 조심해야겠어.")

더 알아보기

여성혐오

라루스(Larousse) 사전은 '여성혐오'를 아주 짧게 '여성에 대한 혐오 및 증오를 느끼는 감정'이며 그러한 감정을 표현하는 행동이라고 말합니다. 이것은 그리스어로 혐오를 뜻하는 'misos'와 여성을 뜻하는 'gyné'가 결합된 단어입니다.

오늘날의 사회에 만연해 있는 여성혐오는 다양한 형태로 표출되고 있습니다. 편견에서 차별대우, 상징적 폭력에서 신체적 폭력에 이르기까지. 여성혐오는 여성의 능력과 가치를 부인하고 단지 성(性)을 이유로 여성에게 어떤 권한을 금지하는 것을 말합니다.

사회에서 여성혐오는 많은 상황에서 찾아볼 수 있습니다. 그 예를 살펴볼까요?

프랑스에서는 거의 80%의 직장인이 성차별적인 태도나 결정을 경험한 적이 있다고 합니다. 동일한 업무를 수

행하는 남성과 여성 간의 임금 격차는 거의 20%에 달하며, 시의회에서 여성 의원의 비율은 겨우 17%이고, 국회에서 여성 의원의 비율은 단지 38%에 불과합니다.

미디어(텔레비전이나 라디오)에서 더 높은 지위를 가진 사람들의 80%가 남성이고, 커플 사이에서도 신체적 폭력이 빈번하게 발생합니다. 프랑스에서 해마다 120명 이상의 여성들이 그들의 배우자나 과거 배우자가 휘두른 폭력에 의해 사망하는데, 이런 살인을 '치정 사건', '애정 범죄', '이별 드라마'로 다루면서 미디어들은 열정, 불같은 사랑, 질투가 이러한 극단적인 행동을 설명한다는 생각을 퍼뜨립니다. 반대로 이러한 유형의 범죄가 남성을 대상으로 벌어지는 경우는 극히 드물다는 사실을 망각한 채 말입니다. 이와 마찬가지로 성폭력(폭행, 강간 시도)을 당하는 여성의 수가 압도적으로 많습니다. (남성 피해자가 15,000명인데 비해, 여성 피해자는 84,000명입니다.)

여성혐오가 연구되기 시작한 것은 불과 몇 년 전부터이지만, 아주 오래 전부터 여성혐오는 존재해 왔고 아주 뿌리 깊게 사회에 만연되어 있기 때문에 완전히 사라지는 것을 기대하기는 힘듭니다.

물론 수 세기를 거치면서 여성혐오는 진화해 왔고 때

에 따라 여러 가지 양상을 띠고 있습니다. 예를 들면, 여성이 남성에 비해서 운전을 못한다는 편견은 20세기에 이르러서야 나타났습니다. 하지만 자동차를 발명하기 이전에도 여성은 이성을 가진 존재가 아니며 따라서 과학이나 기술 분야에 아무런 능력이 없다고 인식되었던 것은 마찬가지입니다.

그리스도교 문화 속에서 남성에 비해 여성이 '타고 난' 약자라는 생각은 어쩌면 성경에 그 기원을 두고 있을 수도 있습니다! 성경의 창세기 2장에는 실제로 다음과 같이 쓰여 있습니다. "하나님이 이르시되 남자가 혼자 사는 것이 좋지 아니하니…… 아담에게서 취하신 그 갈빗대로 여자를 만드셨다." 수천 년 동안 우리에게 알려진 이 이야기는 여자가 남자의 일부이며, 여자의 역할은 남자를 덜 외롭게 만들기 위한 것이라고 전하고 있습니다!

여성혐오 문화를 없애는 데 있어서의 걸림돌은 역사에서, 적어도 서구 역사에서, 여성이 권력과 권위를 가진 적이 없었다는 사실과 관련 있습니다. 서구 역사는 오로지 남자들에 의해서만 이야기되었고, 쓰여지고, 그려지고, 쟁취된 기록입니다.

모순이기는 하지만, 페미니스트가 (가정이나 직장, 정치권에서 벌어지는) 여성혐오와 관련된 구체적인 사실을 파헤치고 있다는 사실이 오히려 부정적인 영향을 끼치고 있는 경우도 있습니다. 겉으로 분명하게 드러나는 여성혐오적 행동이나 언어에 대해서는 많은 진전을 이루었으나, 겉으로 드러나지 않으며 더욱 은밀하게 행해지는 여성혐오와 관련해서는 아직 해야 할 것이 많이 남아 있습니다. 이것을 '유리 천장'이라고 부르기도 하는데, 이렇게 보이지 않는 여성혐오의 경우에는 즉시 알아내기 힘듭니다. 그렇기 때문에 그것을 폭로하거나 비난하기 어렵고, 여성들이 어떤 욕망이나 계획을 실현하기도 쉽지 않아 보입니다.

"당신은 이미 많은 것을 얻었다. 불평을 멈추어라." 이 말은 일반적으로 여성혐오와 관련된 문제를 적당히 매듭짓고 싶을 때 많이 쓰는 말입니다. 마치 모든 분야에서 권리나 처우의 평등을 원하는 것은 가당치도 않거니와 지나친 요구라는 듯이 말입니다.

루
13세

"조용히 해,
이 똥자루야!"

1년 전 열두 살 때 여름 캠프에서의 일이에요. 그때도 지금과 비슷했지만, 나는 말을 별로 아끼는 편이 아니었어요. 그래서 학교에서든 캠프에서든 토론 시간이면 특히 말을 많이 했어요. 엄마가 종종 이렇게 말할 정도로요. "너 대신 다른 아이들도 말을 하게 좀 배려해 주는 게 좋겠다."

그 무렵 내 외모도 지금하고 별반 다르지 않았어요. 머리는 아주 짧고, 화장을 하지 않았고, 곰 그림이 그려진 티셔츠를 자주 입고 다녔어요. 나를 짜증나게 만들면 안 된다는 것을 일부러 보여 주려는 것처럼 말이에요. 가끔은 그 위에 남성용 자켓을 걸치기도 했는데, 사실 나는 캠프에 있는 동안 옷차림에 신경 쓸 생각은 없었어요.

어느 날 저녁이었어요. 이주민에 대한 토론 시간이었는데, 너무 열기가 뜨거워진 탓에 누구랄 것도 없이 아무 말이나 마구 해대고 있었어요. 하지만 나는 그 애들이 지난 일요일 저녁 식탁에서 부모님이 했던 말을 그저 반복하고 있다는 생각밖에 들지 않았어요. 왜냐고요? 마치 점잖은 40대처럼 말하고 있었거든요.

나는 조금 흥분된 상태에서 진행자로부터 발언권을 얻으려고 자주 손을 번쩍번쩍 들었어요. 그러다가 세 번째 발언을 시작하려는 찰나였는데, 약간 미소년 타입으로 생긴 코렌탱이 끼어들더니 큰 소리로 이렇게 말하는 거예요. "꼭 똥자루처럼 생긴 애가 어쩜 저렇게 용감하지?" 그러자 여기저기서 웃음소리가 터져 나왔어요. 심지어 나는 어떤 여자아이가 "나도 인정!"이라고 말하는 것까지 들었어요.

그 순간 나는 얼어붙어 버렸어요. 코렌탱이 내뱉은 말뿐만 아니라 그 여자아이가 덧붙여서 한 말 때문에요.

마치 그 말들이 내 배를 주먹으로 아주 세게 두 번 가격해서 더 이상 아무 말도 할 수 없게 만들어 버린 느낌이었어요. 정말 남성우월적인 말이었어요. 하지만 특히 끔찍했던 건, 그 말에 내가 아무런 대답도 할 수 없었다는 거예요. 사실 나는 정말 똥자루처럼 보였거든요. 잘생긴 남자아이나 여자아이의 관점에서 본다면 말이에요. 그래서 아무 말도 하지 못했어요. 나는 나 자신을 방어해야만 했지만, 그 순간에는 정말 어떤 생각도 할 수가 없었어요. 그래서 너무 가슴이 아팠어요.

진행자는 아무 말도 듣지 못했는지 이렇게 말했을 뿐이에요. "루, 무슨 일이야? 혀를 잃어버리기라도 했니? 덕분에 우리에게 휴식 시간이 생긴 것 같긴 한데?"

솔직히 그 유머는 아무런 도움이 되지 않

똥자루처럼 생겼어?
나도 인정??

61

왔어요. 나는 얼굴이 빨개졌고 눈물이 곧 터져 버릴 것 같았어요. 머릿속에서는 이런 말밖에 떠오르는 게 없었어요. '저 녀석 때문에 울지는 마, 저 녀석 때문에 울지는 마⋯⋯.' 나는 눈물이 흘러내리기 전에 우물쭈물 핑계를 대고 토론장을 빠져나왔어요.

마음을 가다듬고 정신을 차렸을 때, 나는 코렌탱이 잘못을 뉘우치도록 하기 위해 무엇을 할 수 있을지 곰곰이 생각해 보았어요. 캠프가 끝나고 마지막 공연을 하기까지는 딱 일주일이 남아 있었지요. 그 공연에서 우리는 단체로 혹은 개인이 직접 쓴 글을 발표하기로 되어 있었어요.

여러분의
생각은
어떤가요?

▶ 만약 여러분이 루였다면 반격을
준비할 시간이 일주일 남은 상황에
서 무엇을 했을까요?

고심 끝에 나는 다음과 같은 시 한 편을 완성했어요. 그러고는 코렌탱이 자리를 잘 지키고 앉아 있을 수 있도록 애정을 듬뿍 담아서, 코렌탱을 위한 헌사를 낭독했지요.

민주주의

메마른 두뇌를 가진 남성우월주의자들을 제외하고
결국 말할 수 있는 권리가 있는 사람은 누구일까요?
반쯤 사고력을 상실한 여성혐오주의자를 제외하고
결국 자신의 의견을 솔직하게 표현할 수 있는 사람은 누구일까요?

너는 너무 못생겼어, 너무 뚱뚱해, 입 닥쳐.
심지어 네가 예쁘다고 하더라도, 너는 입을 닥쳐야만 해.

과산화수소수에 젖은 심장을 가진 이 불쌍한 녀석들을 제외하고,
우리를 모욕할 수 있는 사람은 누구일까요?
경멸하는 데 익숙한 이 어린 남자아이들을 제외하고
우리 모두에게 창피를 줄 수 있는 사람은 누구일까요?

너는 너무 못생겼어, 너무 뚱뚱해, 입 닥쳐.
심지어 네가 예쁘다고 하더라도, 너는 입을 닥쳐야만 해.

바보 같은 단어들이 되풀이되는 후렴구가 있는
이 노래를 부를 수 있는 사람은 누구일까요?
그 사람을 찾아보세요. 그 사람은 저기 있어요.
자신은 아니라고 말하지만, 못생긴 여자아이가 말을 하고 있기 때문에
그 사람은 동그랗게 커진 눈을 한 채 저기 있어요.

너는 너무 못생겼어, 너무 뚱뚱해, 입 닥쳐.
심지어 네가 예쁘다고 하더라도, 너는 입을 닥쳐야만 해.

결과는 대성공이었어요! 특히 여자아이들 사이에서요. 사실 친구들 중 몇몇은 자리에서 일어나 나에게 갈채를 보낼 거라고 예상은 했었어요. 그리고 나는 이번 일을 통해서 비슷한 일로 상처를 받은 적이 있는 여자들 사이에 이미 공감대가 형성되어 있다는 확신을 얻었어요.

코렌텡은 발표가 끝나자마자 곧장 나를 찾아와 말했어요. "미안해. 너에게 사과하고 싶어." 하지만 나는 거부했어요. 때마침 진행자들이 나를 보러 왔거든요. 그들은 나에게 왜 한마디도 하지 않았냐고 묻고는 이렇게 말했어요. "만일 우리가 알았더라면 너를 보호하기 위해 뭐라도 했을 텐데, 루." 나는 단호하게 대답했어요. "나를 존중하게 만들어야 하는 것은 바로 나 자신이야. 누구도 나를 대신해서 그 일을 할 수 없으니까."

루는 재치 있게 180도 전략을 사용했고, 자신이 처한 상황을 멋지게 역전시켰습니다.

루는 자신에 대한 외모 비하를 그대로 받아들이지 않았습니다. 그뿐 아니라 모든 사람들이 보는 앞에서 코렌탱의 성차별적 태도를 시로 써서 또박또박 발표하여 망신을 주었습니다.

루는 발표를 하기 전에 이렇게 물어봤을 수도 있습니다.

"코렌탱이 못생겼다고 생각하는 여자아이들도 발표할 권리가 있나요? 혹시 여기는 성차별주의자들만이 결정권을 가진 모임인가요?"

이렇게 해서 끔찍하게도 여성혐오적인 코렌탱의 발언에 대해서 다른 여학생들이 자신의 의견을 말할 수 있는 토론 자리를 만들 수도 있었습니다. 이것은 남을 놀리기 좋아하는 사람을 현장에서 불편하게 만듦으로써 상황을 역전시킬 수 있는 좋은 방법입니다.

소녀들의
이야기

"어이, 안녕,
공주들!"

길에서의 성희롱

성희롱은 공공장소에서 일상적으로 벌어지고 있습니다. 느끼한 시선, 휘파람 소리, 거칠고 노골적인 성적 농담, 무례한 몸짓 등등 ……. 수많은 여자들과 소녀들이 이런 일을 겪고 있습니다. 밤 시간이 아닌데도, 거리를 걷거나 대중교통을 이용할 때조차도 여자들은 '극도의 경계' 태세를 취하게 됩니다.

마치 이런 상황이 어쩔 수 없는 것이라는 듯, 사람들은 여자들에게 밤에는 택시를 타거나 치마를 입지 말고 하이힐을 신어서는 안 된다고 합니다. 심지어 화장조차 하지 말라고 충고하곤 합니다. 여자들이 성적 농담을 거부하거나 대화가 격해지면, 늘 여자들의 복장이나 존재 자체가 비난의 대상이 되기도 합니다. 여자들이 반발하면 성추행을 하려던 남자들은 이렇게 말하곤 합니다. "그런 말을 듣고 싶지 않다면, 그렇게 옷을 입으면 안 되지, 아가씨……."

2017년 9월, 네덜란드 암스테르담에서 학교에 다니는 노아 쟌스마는 이러한 행동들에 맞서 싸우기로 결심했습니다. 노아 쟌스마는 성희롱이 얼마나 자주 일어나는지 밝히고 이런 일이 더 이상 침묵 속에서 진행되지 않도록 하기 위해 그런 의도로 접근하는 꽤 많은 수의 남자들에게 자신과 함께 사진을 찍자고 제안했습니다. 그런 다음 그녀는 80여 장의 사진을 인터넷에 올리고 마냥 즐거워하는 성희롱범들의 모습을 공개했습니다. 똑똑한 구석이라고는 찾아볼 수 없을 것 같은 그들 중 누구도 자신의 태도가 성차별적이며 비난받아 마땅하다는 사실을 전혀 의식하지 못하고 있었습니다.

남자들은 그저 칭찬하려는 의도로 여자들에게 말을 건다고 합니다. 그리고 몇몇은 정말 그러한 선의를 가지고 있기도 합니다. 그러나 칭찬과 성희롱 사이의 경계는 아주 모호하거나 불분명할 때가 많습니다. 이 차이를 구분하기 위해서 우리는 몇몇 남자들에게 물었습니다. 길을 가다가 마주친 여자에게 그저 친해지기 위한 의도로 이런 질문을 던지는 것에 대해 어떻게 생각하는지 말입니다. "어이, 아가씨. 잘 지내요? 산책이나 할까요?" 혹은 "웃어 봐요. 당신은 웃어야 해요. 그게 훨씬 더 예쁘니까." 또는 "안녕, 아가씨. 정말 멋지군요. 우리 어디 좋은 데 구경 갈까요?"

남자들의 대답은 즉각적으로 "그건 아닌 것 같은데요."였습니다. 남자들 역시 이런 방식으로 친구를 사귀지는 않습니다. 여기서 분명히 알아야 할 사실은 어떤 '칭찬'이든 반복적이거나 거칠거나 끈질기게 한다면 십중팔구 거절이나 냉랭한 대답이 돌아올 것이고, 이런 칭찬은 성희롱이 될 수 있다는 것입니다.

이러한 거리의 성희롱을 대수롭지 않게 여기거나 그에 맞서 싸우고 싶어 하지 않는 여자들도 있습니다. 굳이 싸워야 할 필요까지는 없으며 조금 거친 거절의 기술만 있으면 괜찮을 거라고 생각하면서 말입니다. 이 또한 엄연히 그녀들이 가진 권리입니다. 하지만 성희롱을 당했을 때 그냥 지나치고 싶어 하지 않는 사람들은 아마 이런 것이 궁금할 것입니다.

"그런 성희롱을 당하게 되면, 성희롱범에게 무슨 말을 어떻게 해 주는 게 좋을까요?"

이때 여자들이 가장 자주 하는 행동은 마치 아무것도 듣지 못한 것처럼 행동하거나, 침묵을 지키거나, 성희롱범을 쳐다보지 않는 것입니다. 심지어 성희롱범이 칭찬이라도 한 듯 고맙다고 말함으로써 그를 더 자극하지 않으려고 하거나 침묵을 지킴으로써 흥미를 잃게 만들기를 원합니다. 냉랭하게 대답했다가 폭행이라도 당하게 될지 모른다는 두려움 때문에 말입니다. 여자들은 대체로 성적인 대상으로 취급 당했다는 사실에 불편함을 느낍니다. 하지만 그냥 침묵해 버리면 대부분의 성희롱범들은 같은 행동을 반복하거나 좀 더 과감하고 직접적인 모욕을 가하려고 합니다. 그들은 침묵과 같은 무반응을 참을 수 없는 모욕으로 받아들이고 더 자극을 받는 경향이 있습니다.

이런 상황에서 필요한 180도 전략은, 성희롱범에게 두려워하거나 굴복하지 않겠다는 의지를 보여 줄 수 있는 방법이어야 합니다. 성희롱범을 거북하고 불편한 상황으로 몰아넣음으로써 자기 자신을 작다고 느끼게 만들어 악순환을 끊게 해야 합니다.

연습해 보세요

▶ 성희롱범 : 어이, 왜 웃지 않아요? 그러면 더 예쁠 텐데.

여자 : 어이, 당신은 왜 입 닥치지 않는 거죠? 그러면 덜 성가실 텐데.

▶ 성희롱범 : 아가씨, 매력적인데.

여자 : 나도 알아요. 하지만 난 당신 생각에 관심 없어요.

성희롱범 : 그래, 사실 당신은 못생겼어.

여자 : 나는 그런 말에도 관심 없어요.

▶ 성희롱범 : 어이, 아가씨. 요즘 어떻게 지내? 나랑 산책할까?

여자 : 어이, 도련님. 요즘 잘 지내지, 짜증나게 할래?

▶ 성희롱범 : 당신은 정말 예쁘군, 아가씨.

여자 : ······.

성희롱범 : 적어도 고맙다는 말은 해야지.

여자 : 왜? 내가 예쁜 데 네가 뭘 보태주기라도 했어?

▶ 성희롱범 : 안녕, 잘 지내?

여자 : 아니, 별로 좋지 않아. 나는 지금 똥이 엄청 마렵거든.
(김새게 하는 다른 표현들도 상관없다.)
여자 : (강하게 트림을 하면서) 잘 지내지 못해. 내가 지금 점심 때 먹은 마늘 소스를 소화하느라 힘들거든.

▶ 성희롱범 : 당신 쇄골라인이 정말 멋지다는 거 알고 있어?

여자 : 축하합니다! 당신은 지금 성차별이 가장 심한 돼지를 뽑는 몰래 카메라 경연대회에서 10점을 획득하셨습니다.

▶ 만약 여러분이 거리에서 벌어지고 있는 성추행 현장에 있게 된다면?

만약 끈질기게 추근거리는 성추행범에게 한 소녀가 당하고 있는 현장을 목격한다면 무엇을 할 수 있을까요? 여러분이 할 수 있는 가장 좋은 방법은 마치 아는 사람인 척 행동하는 것입니다. 소녀의 이름을 부르며 다가가서는 친구가 지금 저쪽에서 기다리고 있으며, 그 친구가 소녀를 몹시 보고 싶어 한다고 말하면서 그 상황에 끼어드는 것입니다. 그런 다음 성추행범에게 실례한다고 말하며 소녀를 그 상황에서 빼내는 것입니다. 성추행범은 여러분이 한 말이 진실인지 거짓인지 알지 못하고 따라서 그 일로 당신을 공격하지는 않을 것입니다. 하지만 너무 공격적인 방식으로 개입하지 않는 것이 좋습니다. 매우 용감한 행동이긴 하지만 자칫 여러분도 위험해질 수 있으니까요.

고정관념과 편견은 이제 그만!

고정관념

이미 굳어져 있는 생각이나 의견으로, 우리가 아무런 생각 없이 받아들이거나 확인 없이 반복하는 생각을 말합니다. 이러한 고정관념은 사람들이 생각하고 느끼고 행동하는 방식을 결정하는 데 큰 역할을 합니다.

편견

개인적인 기준이나 사회적인 기준에 따라 누군가 혹은 무언가에 대해서 가지는 특별히 우호적이거나 불리한 의견을 말합니다. 편견은 우리가 속해 있는 환경 속으로 확산될 수 있으며, 이럴 때 개인적 경험이나 특별한 경우를 보편적인 일로 일반화시키게 됩니다.

상투적인 생각

너무 많이 반복되어 진부하거나 흔해진 생각 혹은 선입견을 말합니다.

성차별과 관련하여 '고정관념', '편견', '상투적인 생각'

이라는 단어는 동의어라고 할 수 있습니다. 가장 흔한 예는 마치 여자들이 개개인의 특징이 없는 동질 집단이라는 듯 여자나 여자의 자질을 일반화시키는 표현들입니다.

예를 들어 볼까요?
여자 아이들은 지나치게 감성적이기 때문에 이유 없이 울곤 한다.
여자 아이들은 원피스를 좋아한다.
여자들은 민감하고 불평이 많다.
여자들은 공감을 잘 하고, 남자들은 카리스마가 있다.
여자들은 온화하고, 온순하고, 순종적이며 가정에 집중한다.

여자에 대한 고정관념은 곧 남자에 대한 고정관념으로 이어집니다.
남자는 세심하지 못하다.
남자는 활동적이고, 일을 하느라 늘 바쁘다.
남자는 사회의 일이나 공적인 일에 더 적극적이다.
남자는 권위적이고 때로 폭력적이다.
남자는 자신의 아내를 엄마로 생각하는 어린 아이다.

이렇게 개인의 다양성을 전혀 고려하지 않고 억압하는 보편화는 이제 그만 사라져야 할 때입니다.

➡️ 더 알아보기

Manterrupting(맨터럽팅)

대화나 토론 도중에 상대방이 단지 여자라는 이유로 말을 잘라버리는 남자의 행동을 가리킵니다. Manterrupting은 영어의 man(남자)과 interrupt(말을 가로막다)의 합성어입니다. 이러한 행동은 상대방이 여자라는 이유로 대화를 할 만한 수준을 갖추지 못했다고 생각하는 데서 비롯됩니다.

Manspreading(맨스프레딩)

'쩍벌남'을 뜻하는 이 단어는 몇몇 남자들이 공공장소나 대중교통 수단에서 여자 옆에 다리를 쩍 벌리고 앉는 경향을 가리킵니다. 그들은 한 자리 이상의 자리를 차지하게 되고, 그 옆에 앉아있는 여자의 자리는 좁아지게 됩니다.

Mansplaining(맨스플레이닝)

영어로 man(남자)과 explain(설명하다)으로 이루어진 합성어입니다. 남자인 자신이 대화 상대자인 여자보다 더 많이 알고 있다고 생각해서(어떤 주제인지와 상관없이, 심지어 여자와 관련된 주제라고 하더라도), 종종 권위적이고 거만한 목소리로 설명을 하는 행동을 말합니다.

Chapter 2

네 몸은
네 것이
아니야

자신의 성욕을 자유롭게 표출하는 남자들을 거의 비난하지 않는 사회적 분위기에 대해서 생각해 본 적이 있습니까? 남자들이 데이트 상대를 쉽게 바꾸는 태도에 대해 사람들은 그다지 신경 쓰지 않으며, 심지어 오래 전부터 감탄의 대상이 되기도 했습니다. '바람둥이' 또는 '돈 주앙'이라 불리는 것은 절대로 모욕이 아니었습니다. '바람둥이'라는 단어에 경멸의 의미가 포함될 수 있다고 하더라도 말입니다. 하지만 같은 의미로 여자를 가리키는 단어인 '요부'는 완전히 부정적인 의미로 사용되고 있습니다. 사람들은 자유로운 성의식을 가진 여자들을 암묵적으로나 노골적으로 훨씬 더 많이 비난합니다.

이러한 비난 뒤에는, 여자는 이러이러해야 한다는 기준에 따라 통제하고자 하는 바람이 감춰져 있습니다. 옷을 선택하는 취향, 파트너의 수, 성생활 등등 사람들은 여자들에게 종종 신중하고, 조심스럽고, 겸손하고, 충실하고, 수동적이며 온순하기를 요구합니다.

이러한 요구 조건에 따르지 않는 여자들은 슬럿셰이밍(역주 : 여성의 외모나 옷차림 등을 빌미로 비난하는 행위)의 피해자가 될 수 있습니다. '난잡한 여자에게 수치심과 굴욕감을'이라는 뜻의 슬럿셰이밍은 최근에 미국과 캐나다에서 생겨난 단어입니다. 성적으로 도발적인 행동을 하거나 사람들이 기대하는 바에 부합하지 않는다고 생각되는 여자들에게 공개적으로 창피를 주고 죄책감을 느끼게 하는 행위를 말합니다. 수많은 여성혐오적인 행동들과 마찬가지로, 몇몇 여자들은 자신이 이러한 사회적 기준을 잘 받아들이고 그 기준을 거부하는 여자들과 같은 편이 아니라는 것을 보여 주기 위해 일부러 다른 여자들을 향해 슬럿셰이밍을 하기도 합니다.

이것은 마치 여자들의 몸은 여자들의 것이 아니라고 말하는 것과 같습니다. 자신들에게 요구되는 '이미지'에 대한 기준뿐만 아니라, 여자들은 때로 남자들의 결정에 따라 그들의 욕구에 복종해야만 합니다. 그리고 바로 이러한 분위기가 가벼운 신체 접촉에서 범죄에 해당하는 성폭행에 이르기까지 성폭력을 조장할 수 있습니다.

이 모든 경우에서 사람들은 여자들에게 똑같은 메시지를 보내고 있습니다. "너의 성생활에 무슨 일이 일어날지 결정하는 것은 너 자신이 아니야."

이것은 정당화될 수도 받아들일 수도 없습니다!

엘리즈
14세

"넌 내가
원하는 대로
입어야 해!"

어느 날 저녁, 친구들과 식사하던 중에 엘리즈에게서 갑자기 연락이 왔습니다.

"엠마 선생님, 도움이 필요해요. 지금 학교에서 진짜 짜증 나는 일이 벌어지고 있다고요!"

엘리즈의 '짜증 나는 일'은 이런 것이었습니다.

솔직히 선생님이나 교직원들 모두 문제가 있어요. 남학생들의 성호르몬을 자극하거나 그들이 학업에 집중하는 데 방해가 될 만한 걸로 보인다 싶으면 아주 사소한 거라도 신경을 곤두세우거든요. 특히 여학생의 옷차림에 관해서는 아주 예민하게 반응하죠.

그중에서도 최악은 수학 선생님이에요. 수학 선생님이 늘 버릇처럼 하는 행동이 있는데, 수업에 들어오면 먼저 우리 여학생들을 위에서 아래로 쭉 훑어보는 거예요. 그러다 보니 수업 시간마다 사건이 적어도 하나씩은 터져요. 선생님이 제일 좋아하는 타겟이 뭔지 아세요? 어깨가 노출되어 브래지어 끈이 보이는 거예요. 그런데 최근에는 찢어진 청바지가 선생님을 엄청나게 자극했어요. 사실 남학생들이 그런 바지를 입고 있을 때는 별다른 내색이 없었어요. 한번은 구스타브가 천보다 구멍이 더 많은 청바지를 입고 선생님 앞을 지나간 적이 있었는데, 선생님은 마치 아무것도 못 본 것처럼 한마디도 하지 않았어요. 그런데 그러고 얼마 지나지 않아서 진느에게는 정확히 똑같은 이유로 생활기록부에 벌점을 매겼지 뭐예요.

내가 반 대표라서 손을 들어 선생님께 말했어요. "선생님, 선생님의 복장 규정은 왜 여학생에게만 적용되고 남학생에게는 적용되지 않는 거죠? 뭐가 문제인가요?" 선생님은 이렇게 대답했어요. 우리가 아직 어린 여학생이기 때문에 너무 자극적인 의상으로 위험에 처하는 상황을 피했으면 좋겠다고 말이죠. 하지만 우리는 어떻게 옷을 입어야 하는지 정도는 잘 알 만큼 충분히 컸다고 반박했어요. 그랬더니 선생님이 뭐라고 하셨는지 아세요? 언젠가 강간이라도 당하고 나서야 내가 좋아하는 것을 덜 하게 될 거라고 했어요. 그래서 나는 이렇게 대답했어요. 만일 내가 성폭행을 당하게 된다면, 그건 성폭행범의 잘못이지 내 잘못이 아니라고 말이죠.

우리 반 여학생들은 모두 나에게 박수를 보냈어요. 하지만 선생님은 내 생활기록부에 '무례함'이라는 단어와 함께 벌점을 매겼죠. 아주 심술궂어 보이는 미소를 지으며 이렇게 말하기까지 하면서요. "심지어 페미니스트들도 성폭행을 당한다, 엘리즈."

믿을 수 있겠어요?

조금 전에 뭐라고 하셨나요, 선생님······?

그 일이 있은 뒤, 선생님은 자신이 보기에 선정적인 옷차림을 처벌할 수 있는 아주 사악한 방법을 찾아냈어요. 선생님은 우리에게 둘 중 하나를 선택하라고 '제안'했어요. 방과 후에 네 시간 동안 남아서 공부를 하고 벌점을 받을지, 아니면 선생님 사무실에 잔뜩 쌓여 있는 구식 노란색 티셔츠를 학교에 있는 동안 갈아입고 지내다가 하교할 때 개인 옷을 다시 받아 갈지 말이죠. 그 티셔츠는 정말 끔찍한 가장 무도회가 아니라면 어느 누구도 입지 않을 그런 것이었어요.

정말이지 학교에서 이 티셔츠를 입고 있어야 한다면 누구라도 죽고 싶은 생각이 들 거예요. 우리는 잠시도 망설이지 않고 네 시간 동안의 나머지 공부를 선택했어요. 하지만 금세 마음을 바꿀 수밖에 없었어요. 다른 과목도 아니고 골치 아픈 수학이라니, 어쩔 수 없이 티셔츠를 선택해야만 했어요. 아무튼 선생님이 이긴 셈이죠.

가장 최악은, 이제는 방과 후에도 여학생들에게 같은 규칙을 강요한다는 거예요. 선생님은 학교 복도에 서서 항상 우리를 지켜보고 있어요. 게다가 나는 지난 번 사건 때문에 선생님의 사정거리 안에 들어 있어요. 더 어처구니없는 일은 수학 선생님이 교장 선생님으로부터 지지를 받고 있다는 사실이에요. 교장 선생님은 조회 시간에 "수학 선생님과 완전히 같은 생각"이라고 단호하게 말씀하셨어요.

이런 상황을 변화시킬 방법이 없을까요? 내가 지금 무엇을 할 수 있을지 알고 싶어요.

이 경우는 처벌 대상이 여학생으로 한정되어 있기 때문에 여학생들이 매우 불공정하다고 생각하는 것은 아주 당연합니다. 따라서 받아들이 기도 힘들 수밖에 없습니다.

여자들이 몸에 꼭 끼거나 짧은 옷을 입고 가슴이나 배를 노출하는 것이 남자를 유혹하려는 신호라고 생각하나요? 30년 전에는 그렇게 인식하는 성향이 강했을지 모르지만 오늘날 여자들은 자신이 좋아하는 옷을 입은 것뿐이지 타인에 대한 성적 메시지로 전달할 생각이 전혀 없습니다. 여자들은 다른 사람들이 성적인 착각을 갖고 비난하는 것을 멈추기를 바랍니다. 하지만 이러한 요구는 여전히 받아들여지지 않고 있습니다.

여전히 남자는 욕망을 통제하거나 억누를 수 없다는 생각이 광범위하게 퍼져 있습니다. 남학생들은 여학생들의 가슴, 배, 혹은 허벅지 일부가 보이면 자제하거나 참을 수 없기 때문에 여학생들이 남학생들을 자극해서는 안 된다는 논리는 분명 잘못된 것이며, 반드시 다시 생각해 볼 필요가 있습니다. 여학생이든 남학생이든, 여자든 남자든, 각자 자신의 성적인 충동을 통제하는 법을 배워야만 하는 것이지 여기에 성별의 차이가 있을 수는 없습니다.

나는 엘리즈에게 같은 반 다른 여학생들도 그만큼 상처를 받았는지 물어보았습니다. 엘리즈는 그렇다고 했습니다. 뿐만 아니라 몇몇 남학생들 역시 남녀의 차별을 심각하게 느끼는 것 같다고 대답했습니다. 나는 엘리즈와 생각이 같은 친구들이 얼마나 될지 궁금해졌습니다.

　"네 생각에 몇 명이나 될 것 같니?"

　"32명 중에 적어도 20명 정도요."

　"전에 내가 인터넷에서 맞춤 티셔츠 가격을 검색해 봤더니, 대략 3유로 정도에서 시작하더라고. 노란색이 좋을 것 같은데, 내 생각대로 한번 해 볼래?"

　"그럴게요." 엘리즈가 흔쾌히 대답했습니다.

　"좋아, 날을 하루 정해서 너희들 모두가 브래지어 끈이 보이는 옷을 입고 학교에 가는 거야. 당연히 선생님은 당장 옷을 갈아입으라고 하시겠지. 그러면 너희들은 모두 선생님이 주시는 티셔츠를 들고 탈의실로 가는 거야. 그런 다음에 미리 맞춰 놓은 그 노란 티셔츠로 갈아입고 나타나는 거지."

　"당연히 어떤 글귀가 새겨진 티셔츠겠죠?"

　"그래 맞아, 뭐가 좋을까……."

　"성차별 교육의 피해자들?"

　"괜찮은 생각이야. 그렇지만 생각이 다른 친구도 분명 있을 거야. 반 학생 모두의 승인을 받아 놓을 필요가 있다는 얘기지."

　"아주 반항적인 문구면 더 좋겠어요." 엘리즈가 말했습니다.

몇 주 뒤, 엘리즈가 상담실을 다시 찾아와서 말했습니다.

"우리 모두 가방 안에 노란색 티셔츠를 넣어 두고는 살짝 흥분했어요. 여학생들은 거의 모두 브래지어 끈이 보이거나 선생님이 보기에 심하게 앞 라인이 파였다고 생각할 만한 옷을 입고 있었어요. 나는 선생님도 분위기가 이상하다고 느낄 수 있게 해야 한다고 생각했어요. 그런데 선생님은 우리가 수적으로 훨씬 우세하다고 생각하셨는지, 갑자기 아무런 말씀도 하지 않았어요. 어떤 상황인지 이해하시겠어요? 우리는 애써 준비한 티셔츠를 가방에서 꺼낼 필요가 없다는 사실에 많이 실망했어요. 하지만 그 티셔츠를 항상 가방에 넣어 다니기로 결정했어요. 그리고요 선생님, 문득 이런 문구도 좋지 않았을까 한번 생각해 봤어요. '나는 성차별에 반대합니다.' 어떠세요?"

성차별을 꿰뚫어보는 안경

우리가 느끼는 어떤 것을 겉으로 표현하거나 다른 사람들과 공유한다는 것은 쉬운 일이 아닙니다. 특히 그것을 한 번도 느껴 보지 못한 사람들과는 더욱 그렇습니다. 우리가 느끼는 불편함이 어떤 보이지 않는 압력, 우리 사회에 감추어진 여성혐오처럼 밖으로 드러나지 않는 압력 때문이라면 공유하기는 더욱 힘들어집니다.

페미니즘 가치관에 따라 교육받은 여성들을 제외한 대부분의 여성들은 여성혐오에 대한 증언을 우연히 듣거나, 그런 주제로 친구들과 토론하게 되거나, 캐나다처럼 거리에서 여성혐오를 경험하기 힘든 나라에 있게 됐을 때 문득 성차별에 대해 생각하는 계기가 생긴다고 합니다. 그때가 되어서야 자신이 소녀 시절에 경험했던 어떤 불편한 사건들(어떤 질문에 대한 선생님들의 무관심과 과소평가 등)이나 심지어 고통스러운 사건들(신체에 대한 농담, 길거리에서의 공격적인 성추행 등)이 성차별이었다는 사실을 깨닫게 되는 것입니다. 마치 이러한 사건들을 꿰뚫어볼 수 있는 안경이라도 갑자기 쓴 것처럼 말입니다. 이러한 새로운 시각 덕분에 여자들은 투쟁해야 할 대상이 무엇인지 비로소 알게 됩니다. 성평등을 향하여 더 멀리 나아가기 위해서 말입니다.

반대로 이러한 계기나 성차별에 맞서 대항하려는 반응이 없었다면, 여성혐오적인 말이나 행동은 여전히 지속되고 있을 것입니다.

이것은 마치 악순환과도 같습니다. 성차별적인 발언을 하거나, 남성우월적인 행동을 하거나, 여성혐오를 지지하는 사람들 입장에서는 도덕적인 기준 말고는 멈추어야 할 이유가 없기 때문입니다. 왜냐하면 이미 권한이나 지배력을 장악한 상황에서 그들이 감당해야 할 고통이나 부정적인 결과가 없기 때문입니다. 반격하지 못하고 침묵을 지키거나 그저 참아내고 있는 여성은 무슨 일이 일어나고 있는지 의식하지 못합니다. 그리고 상황이 늘 이래왔기 때문에 이것이 순리이며 그 무엇도 변화시킬 수 없다고 생각하여 체념한 상태가 되어 버립니다.

가장 흔하고 가장 일상적으로 벌어지는 성차별적 상황을 개선하기 위해 여자들은 이제 도수가 잘 맞는 안경을 끼고 그러한 상황을 거부하는 법을 배워야만 합니다! 가정에서나 학교에서, 휴식 시간이나 수업 시간에, 대중 매체나 사회 관계망 속에서 저마다의 시선을 바르게 교정할 필요가 있습니다.

살로메
11세

"넌 도망갈 수 없어!"

우리 반 남학생들이 정말 어이없는 놀이를 만들어 냈어요. 쉬는 시간에 여학생들 뒤를 쫓아가서 끌어안고 뽀뽀를 하는 거예요.

이 놀이를 피할 곳은 없어요.

남학생들에게서 빠져나갈 수 있는 유일한 방법은 그들보다 더 빨리 달리는 것뿐이에요. 도망치다 잡힌 여학생을 붙들고 억지로 뽀뽀를 하는데, 그건 너무나 역겨워요!

나는 달리기가 정말 빨라요. 그래서 좀처럼 붙잡히지 않아요. 하지만 지난번에는 남학생 여러 명이 함께 나를 구석으로 몰아넣는 바람에 그만 붙잡히고 말았어요. 그리고 거기서 엔조가 나를 껴안았지요. 정말 끔찍했어요. 나는 울고 싶기도 하고 엔조를 때리고 싶기도 했어요. 그럼에도 불구하고 아무것도 할 수가 없었어요. 왜냐하면 어린애 취급을 받고 싶지도 않았고, 그들이 나보다 힘이 센 것 또한 분명했으니까요. 그때 그 일이 또 벌어질까 봐 지금도 두려워요.

남학생들은 다시 나를 향해서 달려들 테고, 그 가운데 달리기가 가장 빠른 엔조가 이번에도 민달팽이처럼 들러붙어서 그 축축한 입을 들이밀 테니까요. 우웩!

엔조…… 이 축축한 민달팽이 같은 녀석!

그 일에 대해 공개적으로 토론해 보려고 학생위원회의 의견 상자에 쪽지를 넣었어요. 쪽지가 교실에서 공개되면, 나와 로라를 포함한 우리 여학생들은 그런 놀이를 전혀 하고 싶어 하지 않는다고 남학생들에게 말하려고 했어요. 하지만 남학생들은 우리 말을 들으려고도 하지 않았어요. 그 일을 문제 삼고 싶어 하는 사람은 오직 나와 로라 둘뿐이었고, 다른 여학생들은 입을 꼭 다문 채 아무런 말도 하지 않았어요. 오히려 몇몇 여학생들은 바보처럼 살짝 웃기까지 했어요.

우리는 교장 선생님께 그 일에 대해 이야기하려고 했지만 교장 선생님도 심각하게 받아들이지 않기는 마찬가지였어요. 단지 우리에게 더 빨리 달리라고만 했죠. 바로 이렇게 말하면서요. "그게 남녀평등이야. 여학생도 하려고만 하면 남학생만큼 빨리 달릴 수 있거든." 나는 그 논리에 동의할 수 없었지만 그렇다고 그 이유를 설명할 수도 없었어요.

상황은 이렇게 흘러갔어요. 한번은 여학생들 여럿이 운동장 한쪽에 모였어요. 그러고는 보란 듯이 똘똘 뭉쳐서 남학생들을 향해 앞으로 나아갔어요. 하지만 이 방법은 전혀 효과가 없었어요. 오히려 여학생들이 모여 있는 것을 본 남학생들은 그 저질스러운 놀이를 시작할 수 있다는 신호로 받아들였어요. 그들은 전쟁을 알리는 괴성을 지르면서 우리를 향해 돌진했어요. 그러자 여학생들은 소리를 지르며 모두 흩어졌어요. 남학생들은 우리를 에워싸고는 껴안았어요. 나는 그런 행동이 정말 역겹다는 것을 보여 주려고 그들 앞에서 내 입을 아주 세차게 문질러 닦았죠. 하지만 남학생들은 전혀 아랑곳하지 않고 자기들끼리 낄낄거리는 거예요. 그런데 조금 우스운 이야기이지만, 가끔은 '좋아서' 비명을 지르는 여학생도 있었어요. 이거 정말 미친 거 아니에요? 솔직히 말해서 그런 여학생들을 이해할 수 없어요.

이게 무슨 짓이야? 꺼져, 꺼지라고!

더 심각한 문제는 다른 반 남자아이들도 그대로 따라 하기 시작했다는 거예요. 마치 전염병처럼 온 학교에 퍼져 나가고 있다니까요. 전 지금 무엇을 어떻게 해야 할지 정말 모르겠어요.

여러분의
생각은
어떤가요?

▶ 살로메가 교장 선생님의 말을 이
해할 수 없었던 이유는 무엇일까요?
설명할 수 있나요?

▶ 학교에서의 성차별적인 행위가
멈출 수 있도록 살로메에게 어떤 방
법을 조언해 줄 수 있을까요?

▶ ▶ ▶ 상 담 선 생 님 의 제 안

 살로메가 다니는 학교의 교장 선생님은 "여학생도 남학생만큼 빨리 달릴 수 있다"고 대답하면서 남녀평등을 강조했습니다.

평등은 달리기 속도나 힘 같은 타고난 능력에 관한 문제일 뿐만 아니라 관계에 관한 문제이기도 합니다. 어느 한편이 다른 편에 대해서 권력을 행사하거나 지배하려고 하지 않을 때 비로소 평등을 말할 수 있습니다. 살로메가 설명한 '놀이'에서 남학생들은 자신들의 의지를 그에 동의하지 않는 여학생들에게 억지로 강요하고 있다는 데 문제가 있습니다. 그렇기 때문에 이 '놀이'는 본질적으로 불평등하며, 단지 남학생들이 더 빨리 달리기 때문에 이기는 것은 아닙니다.

나는 살로메에게 다음과 같이 제안했습니다. "초콜릿을 써 보면 어떨까? 남학생들이 전쟁을 알리는 그 이상한 소리를 내기 전에 초콜릿을 몇 조각 씹어서 앞니에 잔뜩 묻혀 두는 거야. 그런 다음 남학생들이 달려오면 그들을 향해 안아 주겠다는 듯한 포즈를 취하면서 지저분해진 이를 훤히 드러내고 크게 웃는 거지. 어때?"

살로메는 만족스러운 표정이었습니다. 하지만 보름이 지난 뒤 상담실로 나를 다시 찾아왔을 때는 처음보다 훨씬 덜 만족스러워 보였습니다.

"뒤죽박죽이에요, 선생님. 그 방법은 효과가 꽤 있긴 했지만, 다른 한편으로는 무척이나 실망스러웠어요."

"무슨 일이 있었던 거니?"

"엄마에게 부탁해서 우리 반 여학생 열다섯 명이 나눠 먹을 수 있도록 초콜릿을 넉넉히 사달라고 했거든요. 그런데 열다섯 명 가운데 세 명이 처음부터 싫다고 하는 바람에 몹시 충격이었어요. 하지만 진짜 최악은, 선생님은 믿을 수 없겠지만, 결정적인 순간에 역겨운 초콜릿 색 미소를 짓고 있었던 사람은 열두 명 가운데 로라와 저, 오직 둘뿐이었다는 거예요. 나머지 친구들은 초콜릿을 그냥 주머니에 넣어 두고 있었다고요! 세상에! 정말 구역질이 났어요. 왜 그랬냐고 물으니까 남학생들이 자기를 지저분하다고 생각할까 봐 하기 싫었대요. 그걸 어떻게 믿을 수 있겠어요, 네? 혹시 우리 반 여학생들 대부분이 그 놀이를 좋아하고 있었던 건 아닌지 의심스럽기까지 해요. 그리고 지금도 그 괴팍한 놀이는 계속되고 있어요. 하지만 한 가지 다행스러운 일은, 남학생들이 더 이상 저와 로라를 건드리진 않는다는 거예요. 우리는 평화를 얻었어요. 남학생들이 초콜릿이 잔뜩 묻은 이를 좋아하지 않는다는 건 분명했어요."

'놀이'에서 빠져나올 수 있는 방법을 알려 주었음에도 불구하고 몇몇 여학생들이 그 '놀이'의 규칙을 계속 따르고 있다면, 그것은 여학생들이 그들 나름의 방식으로 동의한 결과라고 받아들일 필요가 있습니다. 만약 그 여학생들에게 무엇을 생각하고 느끼고 행동해야 하는지 하나하나 알려주려 한다면, 그 또한 성차별적이고 무례한 태도일 수 있습니다. 하지만 성희롱인 동시에 성폭력인 '놀이'에 굴복하고 싶지 않은 여학생들은 그것을 멈추게 할 권한이 있는 어른들로부터 반드시 지지를 받을 수 있어야 합니다.

카미유
14세

"어이, 창녀!"

내 이름은 카미유이고 열네 살이에요. 이번 일은 내가 한 남자아이와 데이트를 하면서 시작되었어요. 그 남자아이는 우리 반에서 인기가 아주 많은 다프네라는 여자아이와 여섯 달 전에 데이트를 했었고요. 그런데 내가 그 남자아이와 만난 건 두 주도 채 되지 않기 때문에 지금의 상황은 더 어처구니가 없어요. 하지만 다프네와 그를 따르는 몇몇 아이들이 나에게 최악의 꼬리표를 달아 주기에는 그걸로 충분했나 봐요.

정말로 끔찍한 건, 모두가 동조하고 있고 그 누구도 절대로 멈추지 않는다는 거예요. 남학생들은 내가 복도를 지나갈 때면 역겨운 신음 소리를 내요. 마치 포르노 비디오에 나올 듯한 그런 목소리로 "오…… 좋아, 카미유……."라고 중얼거리곤 하죠. 여자아이들은 역겹다는 표정으로 나를 쳐다보면서 등 뒤에서 수군거려요. 심지어 내가 잘 모르는 아이들까지요. 내 사물함에는 '창녀 카미유'라고 쓰인 스티커가 열 장 정도 붙어 있어요. 건물 여자 화장실 곳곳에도 내 이름이 쓰여 있고, 그 옆에는 음란한 그림이 그려져 있어요. 그리고 시도 때도 없이, 심지어 한밤중에도 모욕적인 내용의 SNS를 나에게 보내요.

나에게는 친구가 한 명 있는데, 그 친구도 다프네 무리와 가끔 어울리기는 해요. 그래서 나는 요즘 아이들이 나에 대해서 뭐라고 말하고 다니는지 알 수 있어요. 나에 대한 소문이 같은 도시의 다른 중학교에도 퍼졌다는 것을 얼마 전에 알게 된 것도 다 그 친구 덕분이에요. 그 일로 나는 정말 우울했어요. 여기서 이 일이 멈추지 않는다면 다른 학교로 전학 가는 것만이 유일한 해결책이라고 생각했었거든요.

> 화장실 그림을 보면
> 정말 기절하실
> 거예요……

4학년 때까지는 나도 학교에서 꽤 주목받는 학생이었기 때문에 지금 상황이 더욱 힘들어요. 나는 늘 친구가 많았어요. 심지어 다프네보다요. 그때 나는 약간 '선정적'이라고 생각되는 친구들을 비웃곤 했어요. 아이들이 지금 나를 대하는 것처럼요. 만약 내가 그게 어떤 일인지 알았더라면 분명 다르게 행동했을 거고, 그런 무리와 어울려 다니지는 않았을 거예요. 지금 나는 완전히 혼자예요. 마치 전염병 환자라도 된 것처럼요.

나는 고심 끝에 그 일에 대해서 엄마한테 이야기했어요. 엄마는 내가 왜 성적이 떨어지는지 납득하지 못했거든요. 무엇보다 그 일로 인해서 공부에 전혀 집중할 수가 없었고, 성적이 평균 10점이나 떨어졌어요. 엄마는 내가 집에서까지도 왜 그렇게 힘들어하는지 궁금해했어요. 모든 것을, 특히 학교에서 모욕당한 일을 엄마에게 말하기는 힘들었어요. 나 자신이 수치스러웠고, 그런 이야기가 엄마를 고통스럽게 할 거라는 사실을 잘 알았으니까요. 엄마는 내가 교장 선생님과 이야기를 해야 한다고 제안했어요. 어떻게든 유급만은 당하지 않게 하는 것이 급선무였기 때문에, 나는 이렇게 해서라도 교장 선생님이 내 성적이 떨어진 이유를 이해하기를 바라는 마음으로 그러겠다고 대답했어요.

내 상황을 모두 털어놓았을 때, 교장 선생님은 매우 화를 내셨어요. 교장 선생님은 다프네를 처벌하겠다고 했지만, 나는 그 방법으로는 아무것도 해결할 수 없다고 말했어요. 왜냐하면 사실 다프네는 나에게 직접적으로 아무런 짓도 하지 않으니까요. 그녀는 다른 아이들을 '배후'에서 조정하고 있었어요. 아이들은 그녀에게 충성을 다하고 있고요. 하지만 나는 다프네의 잘못을 입증할 증거를 찾을 수가 없어요.

> 학교에서 당한 일을 엄마에게 말하기는 힘들었어요.

그래도 교장 선생님은 아무것도 하지 않고 가만히 있을 수는 없다고 생각하셨나 봐요. 전 학급을 대상으로, 내가 특정되지 않도록 조심하면서, 용납할 수 없는 행동과 거친 언행에 대한 특별 지도를 할 거라고 말씀하셨어요.

그렇게 해서 교장 선생님이 나서게 되었어요. 교장 선생님이 우

뭐죠? 이 불길한 느낌은??

리 교실에 와서 이야기하기 시작했을 때, 다프네는 나를 돌아보면서 미소를 지었어요. 그러고는 낮은 목소리로 '고자질쟁이'라고 말했어요. 그런 다음에 다른 여자아이가 손을 들더니 순진한 척 가장하며 이렇게 물었어요. "하지만 선생님, 만일 우리 나이 또래의 여자아이가 부도덕한 행동을 한다면 숨김 없이 이야기해 주는 것이 정상 아닐까요? 선생님은 우리에게 너무 선정적인 옷차림을 하지 말라고 하시잖아요. 그 경우와 같은 거 아니에요?" 교장 선생님은 잠시 말을 더듬거린 후에 누구도 같은 학교 안의 다른 사람을 함부로 판단해서는 안 되며, 더구나 음란한 말을 하거나 비난해서는 안 된다고 했어요. 교장 선생님의 답변은 받은 질문에 비해 설득력이 없었을 뿐더러 불안정해 보이기까지 했어요. 교장 선생님은 훈계를 늘어놓는 동안 나를 쳐다보지 않으려고 노력했지만, 이미 상황은 충분히 잘못되어 가고 있었어요. 그때부터 나는 창녀일 뿐만 아니라 고자질쟁이가 되었어요.

요즘 나는 화장실의 낙서를 지우고, 사물함의 스티커를 떼어 내고, 마치 아무 소리도 들을 수 없는 사람처럼 행동하고 있어요. 그리고 모두를 무시하려고 애쓰고 있죠. 하지만 나는 그 어느 때보다 더 외톨이가 되었고 공부조차 할 수 없어요. 이 상황을 멈추게 하려면 무엇을 해야 할지 정말로 모르겠어요. 나는 아주 먼 도시로 이사를 가서 내 인생을 처음부터 다시 시작할 수 있기를 수도 없이 꿈꾸고 있어요.

여러분의
생각은
어떤가요?

▶ 이제 180도 전략에 어느 정도 익숙해졌나요? 카미유는 어떻게 하면 좋을까요? 이미 시도했지만 효과가 없었던 전략과는 반대여야 할 것 같은데, 어떤 전략이 좋을까요? 여러분의 생각을 말해 보세요.

카미유와 같은 상황에 처했을 때 귀찮게 구는 사람을 그냥 무시해 버리면, 곧 싫증이 나서 그만두게 될 거라고 말하는 사람들이 있습니다.

문제는 이 방법이 실제로는 효과가 전혀 없다는 것입니다. 우리가 아무리 무관심한 척한다고 하더라도 상대방은 이러한 모욕이 우리에게 아주 심각한 상처를 주고 있다는 사실을 잘 알고 있기 때문입니다.

카미유는 공격에 대해 무관심한 척하려고 했습니다. 하지만 자신을 괴롭히는 아이들을 무시하려고 하면서도 한편으로는 사물함에 붙은 스티커를 떼어내고 화장실에 쓰인 낙서를 지우려고 애쓰는 모습을 보였습니다. 이런 행동으로 카미유는 자신의 의도와는 달리 "멈춰!"라는 메시지를 강하게 내보내고 있었습니다. 결국 카미유는 아주 흔하디 흔한 방식으로 괴롭힘을 멈추라고 아이들에게 말한 교장 선생님과 똑같은 행동을 취하고 있었던 것입니다.

어쩌면 모순처럼 보이겠지만, 생각을 180도 바꾸어서 상대방에게 '하던 대로 계속 해 보라'는 메시지를 주는 것이 가장 적절한 전략일 수도 있습니다. 자, 그렇다면 구체적으로 어떻게 하면 좋을까요?

**여러분의
생각은
어떤가요?**

▶ 카미유가 자신에 대한 낙서를 보았을 때, 어떻게 하는 게 좋을까요? 혹시 좋은 생각이 있나요?

▶ 카미유는 지금까지의 태도를 바꾸기로 했다는 사실을 보여주려고 합니다. 운동장에서 공격을 받고 있는 경우, 카미유는 어떻게 행동하는 것이 좋을까요?

나는 먼저 카미유에게 그녀를 괴롭히는 무리 가운데 남자아이도 한두 명 끼어 있는지 물었습니다.

"특히 저를 괴롭히는 한 아이가 있어요. 소피안이라고, 학교에서 꽤나 잘 생긴 편에 속해요. 그런데다가 영리하고 옷도 잘 입고 유머 감각까지 있지만, 좀 반항적이기도 해요. 그리고 몹시 심술궂어요. 소피안은 모든 아이들이 인정하는 동시에 두려워하는 존재예요. 그래서 웬만하면 소피안의 과녁이 되지 않는 것이 좋아요. 그 아이가 누군가를 지목해서 반감을 드러내기 시작하면, 나머지 아이들이 모두 따라서 비웃기 시작하거든요."

"그런 상황에서 너는 구체적으로 어떻게 행동했니?"

"저는 가능한 한 미소를 지으며 그 아이들을 쳐다보지 않으려고 애쓰면서 지나다녔어요. 그러다 보면 때로 뺨이 얼얼해지기도 해요. 억지로 웃는 건 정말 고역이거든요."

"잘 들어 봐, 카미유! 만일 그렇게 행동하지 않고 소피안이 '우, 좋아. 카미유'라고 놀리는 순간에 그 아이를 돌아다보고 두 눈을 똑바로 쳐다보면서 이렇게 말한다면 어떨 것 같니? '소피안, 내가 이미 싫다고 말했을 텐데. 싫어, 알겠지? 넌 너무 애송이야, 아직 경험도 충분하지 않잖아?'라고 말이야."

"제 생각에 그 아이는 이렇게 대답할 거 같아요. '지금 무슨 소리를 하는 거야, 너 미쳤구나? 나는 너 같은 애랑은 절대로 데이트하지 않을 거야!'"

"좋아, 그럼 넌 이렇게 말하면 돼. '네가 나에게 보냈던 문자를 모두 공개하길 바라는 구나, 소피안?'"

"맞아요! 소피안도 그건 좀 꺼려할 것 같아요. 문자로 한 방 먹이는 거, 너무 좋아요."

"그런 다음에는 소피안이 너에게 말을 걸 때마다, 이런 식으로 말해 주는 거야. 예를 들면, '그만 해, 소피안. 솔직히 그건 너무 심하잖아. 모두가 보는 앞에서 너도 제물이 되고 싶진 않을 텐데. 난 네가 정말 부끄럽다."

"빨리 그 방법을 써 보고 싶어요!" 카미유가 미소를 지으며 나에게 말했습니다.

"그런데 소피안이 밤마다 저한테 보내는 문자는 어떻게 하죠?"

"소피안이 보낸 문자에 자동응답메시지처럼 보이는 답변을 쓰는 것이 좋겠어. 예를 들면, '제 팬들로부터 메시지가 쏟아지는 바람에 여러분들에게 일일이 답장을 쓸 수가 없습니다. 하지만 여러분이 저에게 메시지를 보낼 때마다 제가 몹시 기뻐한다는 사실만은 알아주세요.' 이게 정말 자동응답메시지처럼 보이도록 너는 열 번 정도 이 메시지를 보내는 것이 좋을 거야.

"네, 좋아요." 카미유는 흔쾌히 동의했습니다.

공개적인 공격이라고 할 수 있는 화장실 낙서와 관련하여 카미유에게 해 준 충고도 같은 맥락이었습니다. 카미유 역시 같은 장소에서, 같은 방법으로 반격할 수 있다는 것을 확실히 보여 주는 것이죠. 따라서 메시지를 지우려고 애쓰는 대신에 카미유는 자신의 '팬클럽'과 대화를 시작하는 것입니다. 예를 들면 가장 추잡한 낙서 아래에 다음과 같은 글을 쓰는 것입니다. "너는 똥을 누면서도 내 생각을 하는구나, 다프네? 나도 마찬가지야. 나도 너를 많이 사랑해. 뽀뽀."
그리고 성기 그림 옆에는 이렇게 쓰는 거죠. "참 귀엽게도 생겼구나,
다프네. 누구를 모델로 그린 거니, 네 남친?" 물론 다른 이름보다는
다프네의 이름을 쓰는 것이 좋겠죠.

그 뒤 카이유는 내게 와서 이렇게 말했습니다.

"선생님, 최근에 다프네와 마주쳤는데 정말 기분이 좋았어요. 아
무것도 하지 않고 그저 참는 것이 아니라, 무슨 일이든 해야만 하고
또 할 수 있다는 사실을 비로소 알게 되었다는 사실 때문에요. 저는
더 이상 자신이 무기력하게 느껴지지 않아요. 그리고 그런 행동이
모든 것을 바꾸어 놓았어요."

레아
14세

"엉덩이 한번
만져 볼까!"

중학교 4학년 초(역주 : 프랑스는 초등학교 5년, 중학교 4년, 고등학교 3년 과정이다.)에 한동안 가뱅이라는 남자아이와 데이트를 한 적이 있어요. 그러던 어느 날 가뱅이 자기 사촌이라며 레오를 소개시켜 주었는데, 그만 레오를 사랑하게 되었어요.

나는 가능한 한 솔직하게 가뱅에게 모든 것을 털어 놓았어요. 이 일은 가뱅 네 탓이 전혀 아니며 나도 어찌할 수 없었다고요. 하지만 가뱅은 몹시 화를 내더니 앙갚음하려는 의도로 나를 '쉬운 여자'라고 학교에 소문냈습니다.

그리고 몇 주 뒤, 레오는 학교에서 그런 소문을 감당하기가 너무 힘들다며 나에게 헤어지자고 했습니다. 무엇보다 나를 그 정도로 사랑하지는 않았기 때문이겠죠. 레오는 운동장에서, 스냅챗(Snapchat, 미국의 메신저 서비스)에서, 페이스북에서 나에게 끔찍한 말을 해댔습니다. 중학생이라면 누구도 쉬운 여자와 사귀고 싶지는 않을 것입니다. 그것은 마치 친구가 아무도 없는 왕따와 어울리는 것과 같거나 어쩌면 그보다 더 심한 일일 수도 있으니까요. 아무튼 남자아이들에게 그런 일은 '진짜 남자'에게 어울리지 않는 모양이었습니다.

그때부터 가뱅의 친구인 아드리앙과 그 아이를 따르는 한 무리의 아이들이 나섰습니다. 내가 지나갈 때마다 휘파람을 불거나 하면서 나를 마치 창녀처럼 취급하기 시작한 거죠. 심지어 몇 주 전부터는 일부러 나를 따라다니며 괴롭히거나 놀렸습니다.

그 아이들은 결코 멈추지 않을 것 같았습니다. 쉬는 시간에 내가 계단을 지날 때면 내 뒤로 다가와서 엉덩이를 만지기도 했습니다. 그 짓을 하려고 네다섯 명이 한꺼번에 무리를 지어서 다가오기도 했습니다. 나는 다만 가능한 한 빨리 지나가는 수밖에 없었죠. 하지만 나의 그런 행동은 마치 그 아이들에게 사냥감을 제공해 주는 것처럼 그들을 더욱 자극할 뿐이었습니다. 급식실에서 줄을 서 있을 때도 그 아이들은 내 뒤로 바싹 붙어 섰습니다. 쉬는 시간에 아무도 보지 않을 때면 나를 구석진 벽으로 밀어 넣고 그들 중 몇 명이 나에게

그 애들이 다가오면 소름이 끼치고 가슴이 두근거려요.

몸을 밀착시킨 적도 있습니다. 나는 몸을 빼내려고 했지만 불가능했습니다. 사방에서 나를 에워싼 채 그런 짓을 하고 있었거든요. 정말 끔찍했습니다. 마치 출구가 없는 아주 좁은 미로에 갇힌 기분이었어요. 그들은 하고 싶은 짓을 다 하고 나면 히히덕거리며 그 자리를 떠났습니다.

나에 대한 소문 때문에 아무도 나와 함께 다니려고 하지 않았습니

다. 그래서 나는 그 아이들에게 더욱더 쉬운 상대가 되어 갔어요. 나를 괴롭히는 아이들의 수는 점점 늘어나서 지금은 열 명 정도예요. 정말 두려워요. 그 아이들이 더 이상 자제하지 못하게 될까 봐 두렵고, 그 아이들이 정말로 나에게 나쁜 짓을 할까 봐 두려워요. 나를 못살게 굴 때 그들의 눈빛은 진짜 잔인해요.

대부분의 시간 동안 나는 그 아이들을 밀어내거나 피하려고 노력했어요. 내가 그만두라고 말하면, 그 아이들은 이렇게 대답합니다. "에이, 레아, 너도 좋잖아. 모두가 다 아는걸." 그리고 자기들끼리 킥킥거립니다.

레오를 만나지 말았어야 했어요. 그건 내 잘못이예요. 하지만 잘못을 만회하기 위해 무엇을 해야 할지 전혀 모르겠어요.

쉬는 시간이 되면 그런 일을 피하기 위해 보건실에서 많은 시간을 보냅니다. 보건실 선생님이 나에게 좋지 않은 일이 일어나고 있다는 사실을 눈치채셨고, 결국 선생님께 모든 사실을 털어놓았습니다. 몇 시간 동안 실컷 울었어요.

보건 선생님은 그건 절대로 내 잘못이 아니며, 소셜미디어의 발랑스통포르크(BalanceTonPorc, 프랑스에서 벌어진 성폭행 가해자 고발 운동)가 보여 주듯이 나와 같은 일을 당한 친구들과 여자들이 많이 있다고 말해 주었습니다. 선생님은 가해자들을 멈추게 할 수 있는 해결책을 찾아보자고 했지만, 나는 아무에게도 알리고 싶지 않다고 했습니다. 고자질쟁이로 소문날 것이 뻔하기 때문이죠. 그렇게 되면 내 상황은 더 나빠질 테니까요. 나는 부모님에게도 알리고 싶지 않았습니다. 부모님이 힘들어하실 테니까요. 하지만 선생님은 침묵을 지키는 것은 바람직하지 않다고 말씀하셨습니다. 침묵은 나와 같은 위험에 처한 사람에게 아무런 도움이 되지 않을 것 같다고 하시면서요. 그래서 부모님께 모든 것을 다 말하지 않고 단지 학교에서 친구들 사이에 문제가 좀 있다고만 말씀드리기로 했습니다.

**여러분의
생각은
어떤가요?**

만약 레아가 여러분에게 도와달라고 한다면
어떤 충고를 해줄 수 있을까요?

▶ ▶ ▶   상 담   선 생 님 의   제 안

보건 선생님의 생각이 옳습니다. 성폭력 문제가 외부로 알려지기 시
작하고 미투 운동과 발랑스통포르크 운동이 활발히 벌어지면서 많은
소녀와 여성들이 자신이 당했던 성희롱이나 성추행, 성폭행에 대해서
증언하고 있습니다.

그런 여성들 대부분은 그런 일을 당한 것이 그녀 자신의 잘못 때
문이라고 손가락질 받을 것 같아서 이제껏 말할 수 없었다고 합니
다. 죄책감을 느끼고 있을 때 자기 자신을 변호하기란 쉽지 않습니
다. 하지만 수치심은 결코 피해자의 몫이 아닙니다.

나는 레아가 느끼는 수치심의 방향을 바꾸기 위해서 레아에게 깊이 생각해 보게 했습니다.

"내게 좋은 수가 있어. 하지만 이 방법은 너로서는 큰 용기가 필요할 거야. 너에게 힘든 방법일 수 있다는 얘기야. 만일 네가 당하고 있는 일이 부당한 것이고 어떻게든 바로잡아야 한다고 생각한다면, 너는 그 아이들을 신고해야만 해. 그래서 네가 겪은 부당한 일에 대해서 이의를 제기하고 정의가 바로잡히도록 해야만 해. 프랑스 법에서 타인의 신체에 접촉하는 행위는 '성추행'으로 간주되어 징역이나 무거운 벌금형을 받을 수 있는 범죄야. 법적으로 처벌받을 수 있다는 사실을 알게 되면 그 아이들도 겁을 먹을 거야."

"하지만 저는 그런 식으로 할 수는 없어요. 사람들에게 이 일에 대해 알리기에는 제가 너무 지쳐 있어요. 솔직히 그러기엔 너무 창피해요. 저는 단지 그 아이들에게 어떤 충격을 주고 싶을 뿐이에요."

"그렇다면 레아, 발랑스통포르크 운동과 미투 운동을 지지한다고 하면서 '아드리앙과 그의 노예들'이라는 제목으로 너를 괴롭혔던 장소와 시간을 밝히는 글을 페이스북에 올리는 건 어떨까? 그리고 모든 사람들이 그 글을 볼 수 있도록 공개하는 거야. 하지만 성은 쓰지 않도록 조심하는 것이 좋을 거야. 단지 '아드리앙과 그의 노예들'이라고만 써."

"아, 좋은 생각인 것 같아요. 분명히 효과가 있을 것 같아요. 그렇다면 인스타그램에도 세 마리의 돼지 사진과 함께 글을 올릴 거예요. 그리고 스냅챗에 연결시켜서 그 일이 벌어졌던 계단을 올라가고 있는 제 사진이 보이도록 할 거예요. 그렇게 하면 이름을 완전히 공개하지 않고도 소셜미디어에 그 아이들이 저지른 일을 공개하는 셈이죠. 동시에 사람들은 그 아이들이 누구인지도 알게 될 거예요. 하지만 화가 나서 또 나를 건드리면 어떻게 하죠?"

"그땐 아주 크게 소리를 쳐. '돼지 같은 아드리앙과 그의 노예들, 돼지 같은 아드리앙과 그의 노예들'이라고 멈추지 말고 계속해서 소리치는 거야."

"하지만…… 모두가 저를 쳐다볼 텐데요."

"물론 그럴 거야. 하지만 예전 같지는 않을 거야. 사람들은 그 아이들도 보게 될 거야."

"그렇군요. 그런데 그 아이들이 신고하겠다고 하면 어떻게 하죠?"

"그러면 너는 당당하게 말하면 돼. '나는 단지 나에게 끊임없이 추근거리던 남자아이들에 대해서 말했을 뿐이야. 그게 왜 너희들이라고 생각하는 거지? 찔리는 거라도 있는 거야? 신고하고 싶으면 얼마든지 해 보지 그래?'라고 말이야. 그 아이들이 어떤 표정을 지을지 한번 상상해 봐."

레아가 갑자기 웃음을 터뜨렸습니다.

레아가 SNS에 올린 글은, 아드리앙 무리가 그들의 손을 각자의 주머니 속에 잘 간수하도록 하기에 충분했습니다.

 **여성들의 투쟁**

자유로운 여성을 위한 자유로운 복장

20세기 초만 해도 여성의 수영복은 노출되는 부분이 없었습니다. 긴 소매가 달린 헐렁한 셔츠에 무릎까지 내려오는 반바지 차림이었죠. 오스트레일리아의 수영선수였던 아네트 켈러만(Annette Kellerman)은 운동선수로서 꿈이 있었기 때문에 자신에게 맞는 수영복을 직접 만들기로 결심했습니다. 몸에 꼭 끼며 팔이 드러나는, 역사상 최초의 원피스 수영복은 이렇게 탄생한 것입니다! 아네트 켈러만은 1907년에 미국의 한 해변에서 외설 혐의로 체포되었지만 포기하지 않았고, 자신이 만든 수영복을 홍보하면서 여성들이 신체를 자유롭게 드러낼 수 있도록 용기를 주었습니다.

남성우월주의자를 향한 여성 스포츠 선수의 답변

'성(性)의 대결', 1973년 9월 윔블던 전 남성 챔피언인 보비 릭스(Bobby Riggs)와 여성 세계 2위였던 빌리 진 킹(Billie Jean King) 사이에 벌어졌던 테니스 경기를 사람들은 이렇게 불렀습니다. 시합을 앞두고 보비 릭스는 성차별적인 발언을 반복했습니다. "여자들이 있어야 할 곳은 침실과 부엌이야." 혹은 "어떤 현역 여자 선수도 은퇴

한 남자 선수의 발끝도 따라올 수 없을걸." 이라고 말입니다. 이러한 도발에 맞선 빌리 진 킹의 3점 차이 승리보다 더 멋진 답변이 있을까요?

성차별주의에 맞선 여고생

프랑스에서 치마나 원피스를 입고 등교한다는 것이 점점 더 빈번하게 성적인 발언이나 모욕의 대상이 되자, 2006년 에트렐 고등학교의 1학년 학생 15명이 나서서 이 문제를 학교 프로젝트로 삼기로 결정했습니다. 학교 안팎에서 워크숍과 토론회가 이어졌는데, 결과는 어떠했을까요? 최초의 '치마의 날'이 만들어져서 여성들의 의상이 스포트라이트를 받게 되었습니다. '치마와 존중의 봄'이라고 이름 붙은 이 날은 국가적인 차원에서 지켜지고 있으며, 이때부터 여학생들은 당당하게 치마를 입을 수 있게 되었습니다.

나는 나답게!

미국 가수인 베스 디토(Beth Ditto)는 음악과 가창력뿐만 아니라 독특한 외모로도 유명했습니다. 주황색이나 붉은색 머리카락, 검은색으로 굵게 아이라인을 그린 눈매, 지나치게 뚱뚱한 몸에 얼룩덜룩한 무늬가 새겨진 옷 등등……. 베스 디토는 꼭 끼거나, 섹시한 옷차림을 하거나, 심지어 완전히 벗은 채로 포즈를 취하기를 주저하지 않았습니다. 또한 큰 사이즈 옷을 만들지 않는다는 이유로 한 기성복 브랜드와 광고 계약을 거절한 일도 있는데, 결국 자신의 의상 브랜드를 만들어서 44 사이즈에서 60 사이즈까지의 옷을 만들었습니다.

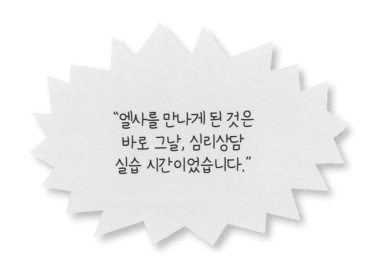

"엘사를 만나게 된 것은 바로 그날, 심리상담 실습 시간이었습니다."

엘사는 불면증으로 인한 극도의 피로감과 집 밖으로 외출하기 힘들 정도의 불안 장애 때문에 도움을 요청했습니다. 일 년 전부터 이런 증상이 지속되었기 때문에, 엘사는 결국 두려움 자체를 두려워하는 상태에 이르렀습니다. 공황 상태는 일상생활 전반으로 이어졌고 학교생활 역시 완전히 엉망진창이 되고 있었습니다.

엘사를 도우려면 그 정도로 그녀를 두렵게 만드는 것이 무엇인지를 먼저 알아내야 했습니다. 하지만 엘사는 온 세상이 자신에게 적대적이기 때문에 거리에 나갈 수조차 없으며, 남자들은 모두 위험한 존재라고만 대답했습니다. 나는 엘사가 어떤 사건이 다시 일어날까봐 극도로 불안해하고 있으며, 그럴 가능성이 있는 상황을 피하는 것 말고는 다른 방법이 없다고 생각한다는 사실을 알게 되었습니다.

나는 엘사의 눈을 바라보며 낮은 목소리로 이야기했습니다.

"피하려고 하는 태도는 종종 우리가 원하는 것과 반대되는 결과를 가져오곤 해. 지금 당장은 피하는 게 더 나아 보일 수도 있어. 하지만 두려움을 느끼지 않으려고 두려움의 대상에 대해 생각하는 것을 회피한다면, 그것은 마치 두려움에 영양분을 주는 것과도 같아. 두려움이 점점 더 커져서 우리가 생각하지도 않았던 순간에 갑자기 튀어나올 수 있거든. 예를 들면, 우리가 잠을 잘 때와 같은 순간 말이야. 잠을 자는 동안 우리는 가장 무방비 상태가 돼. 그래서 낮 시간 동안 잘 통제하고 피해 왔던 우리의 모든 생각과 모든 근심이 자는 동안 불쑥 튀어나올 수 있어. 이런 것들은 우리가 따로 떼어놓으려고 애쓰는 만큼 더욱 끈질기고 폭력적이야. 결국 우리에게 복수를 하는 거지. 그런 생각과 근심에서 벗어나려면 피하는 게 아니라 피하는 것과 정확하게 반대되는 행동을 할 필요가 있어. 두려움을 받아들이고 그것을 길들이는 거야. 그런데 선생님이 너를 도울 수 있으려면, 우선 너를 그 정도로 불안하게 하는 것이 무엇인지 알아야만 해. 너를 바깥 외출조차 하지 못하도록 막고 있는 그 끔찍한 괴물은 어떤 것이니?"

엘사는 한참 동안이나 눈물을 흘리며 고통스러워하였고, 이윽고 지하철에서 겪은 일을 이야기해 주었습니다.

내 안에 끔찍한
괴물이 숨어 있어요……

엘사
15세

"네 몸은 내 거야!"

일 년 반 전에 아주 끔찍한 일이 있었어요. 어느 누구에게도 그 일을 말하지 않았어요. 그냥 잊고 싶었어요. 더 이상 생각하고 싶지도 않았어요. 하지만 그게 마음대로 되지 않아요. 점점 더 나빠질 뿐이에요…….

그때는 여름이었어요. 나는 평소에 무척 좋아하는, 허벅지까지 오는 가볍고 헐렁한 원피스를 입고 있었어요. 다른 날과 마찬가지로 내 친구인 루카스와 함께 학교에 가려고 지하철을 탔는데, 지하철은 아침 출근 시간이라 몹시 붐볐어요. 서로 몸이 꼭 밀착될 정도로요. 그런데 갑자기 손 하나가 내 허벅지를 빠르게 더듬으며 올라와 팬티속으로 들어가더니 내 성기 속에 손가락을 찔러 넣는 것이 느껴졌어요. 나는 꼼짝도 할 수가 없었어요. 나는 루카스를 처다보았어요. 하지만 아무 말도 할 수가 없었어요. 루카스는 아무것도 보지 못하고 있었거든요. 갑자기 눈물이 흘러내리기 시작했어요. 루카스는 무슨 일인지 전혀 이해하지 못했어요. 루카스가 나에게 물었어요. "무슨 일이야? 너 갑자기 왜 우는 거야?" 남자는 손가락을 빼지 않았어요. 나는 눈물만 흘렸어요. 단 한마디도 입 밖으로 낼 수 없었어요. 온몸이 얼어붙은 것 같았어요. 마치 나의 내면이 완전히 해체된 기분이었어요. 지하철이 다음 정거장에 도착하고 문이 열렸을 때, 나는 루카스의 팔을 붙잡고 울부짖으며 지하철을 빠져나왔어요. 내가 지하철을 돌아보았을 때, 떠나가는 지하철 안에서 한 남자가 나를 보고 미소를 지으며 자신의 손가락을 입 속에 넣는 모습을 보고 말았어요 ……. 나는 토하고 말았어요.

잠시 뒤, 나는 루카스에게 불안 발작이 있어서 그런 거라고 둘러댔어요. 무슨 일이 있었는지는 끝까지 말하지 않았어요. 엄마에게도, 언니에게도, 친구들 중 누구에게도 말이에요. 정말 수치스러웠어요. 내가 마치 역겨운 물건이 된 것처럼 꼼짝도 할 수 없어서 무기력한 기분이었고, 한마디 말도 못하고 바보처럼 그 일을 당하고만 있었다고 생각하니까 자신이 원망스러웠어요.

나는 또다시 그런 일이 일어날까 봐 점점 더 불안해졌어요. 그런 일이 또 일어나더라도 그때처럼 나를 지킬 수 없을 테니까요. 내가 치마가 아니라 바지만 입는다고 하더라도 그건 확실해요. 지금은 잠을 잘 수도, 살아갈 수도 없어요. 매일 밤 새벽 1시가 되면 무슨 일인지 전혀 이해하지 못하겠다는 표정의 루카스 얼굴이 떠올라요. 그리고 내 안에서 뜨거운 것이 치밀어 오르면서 그 남자의 끔찍한 미소가 다시 보여

나는 울고, 울고, 울고만 있었어요……

120

요. 그럴 때마다 모자를 쓰고 책을 읽거나 드라마를 봐요. 무슨 수를 쓰더라도 생각을 다른 쪽으로 돌리고 싶었거든요. 심지어 내 머리가 나를 평온하게 내버려 두도록 따귀를 여러 차례 때린 적도 있어요. 하지만 아무 소용없었어요. 아무 소용도요. 눈을 감는 순간부터 지난여름의 일이 다시 머릿속에 펼쳐지고 아무것도 할 수가 없어요. 그래서 이제는 눈을 감을 수조차 없어요. 밤마다 그때의 이미지가 나를 다시 깨울 때까지 불과 몇 시간 밖에는 잠들지 못하고 있는 거예요.

아무 소용없었어요.
아무 소용도요……

121

▶ ▶ ▶ 상 담 선 생 님 의   제 안

 엘사는 성추행을 당했습니다. 열네 살의 나이에, 익숙한 환경의 일상적인 상황에서 말이죠. 바로 옆에 있던 친구도, 지하철을 타고 있던 다른 사람도 전혀 알아차리지 못하는 사이에 말입니다.

나는 엘사에게 먼저 이런 점들을 강조했습니다. 성추행은 엄연히 범죄 행위라는 것, 프랑스에서 성추행범은 법정에서 재판을 받아야 하고, 최고 징역 15년형을 선고받을 수 있다고 말입니다.

이어서 이렇게 말했습니다. "이성적인 판단과 의지를 담당하고 있는 너의 한 부분은 그날의 성추행 사건에 대해서 더 이상 생각하고 싶어 하지 않아. 그 사건이 너무 충격적이기 때문이거든. 하지만 이와 반대로 육체와 감각에 더 가까운 무의식이라는 또 다른 한 부분이 있는데, 그 무의식은 사건을 되짚어보게 해서 삶이란 폭력적이고 때로 파괴적일 수 있다는 사실을 너에게 알려주고 싶어 해. 지난 여름에 있었던 사건의 이미지를 끊임없이 너에게 보내는 것은 너를 보호하고 싶기 때문이야. 하지만 네가 그 사건을 다시 들여다보거나 귀를 기울이기를 거부하고 있기 때문에, 네 무의식은 점점 더 강해지고 결국 네가 학교 생활하는 것까지 방해하게 되었어. 네 무의식은 매우 친절한 동시에 아주 강력하다는 걸 알아야 해. 어쩌면 우리는 무의식이 보내고 있는 메시지를 잘 이해하기 위해서 무의식의 목소리에 귀를 기울여야 할 필요가 있어. 분명히 말하지만 그건 쉬운 일은 아니야. 네가 바라는 유일한 것은 잊어버리는 거니까."

**여러분의
생각은
어떤가요?**

▶ 두려움을 회피하려고 할 때,
두려움은 오히려 더 커진다는
말을 들어본 적이 있나요?

▶ 여러분은 피한다는 것의 반대가
무엇이라고 생각하나요?

나는 엘사가 1년 전부터 처한 상황을

그림으로 그려 보았습니다:

그런 다음 엘사에게 평소에 해야만 하는 '연습'을 제안했습니다.

"이것은 몹시 고통스러울 거야. 하지만 네 무의식을 서서히 진정시키려면, 매일 잠자리에 들 때마다 15분 동안 네가 없애 버리려고 애써 왔던 끔찍한 장면들을 스스로 떠올려 보라고 충고하고 싶어. 네 의지와 달리 지금 네가 푹 빠져 있는 이 끔찍한 영화를 새로운 이미지로 재구성하기 위해서 말이야. 눈물이 나온다면 흘러내리도록 내버려 둬. 그런 다음 영화가 끝나기 전에, 지하철 승강장에 있는 열네 살의 어린 엘사를 네 품에 안아 주면서 귀에다 대고 이렇게 속삭여 주는 거야. '너는 그 순간에 네 능력 닿는 한 할 수 있는 모든 것을 다 했어.' 그러고 나서 차가운 물로 세수를 하고 책을 읽거나 드라마를 봐. 그런 다음에도 그날의 이미지가 밤 시간 동안 다시 떠오른다면, 나는 네가 몇 초 동안 그 이미지들을 가만히 들여다보았으면 좋겠어. 그리고 그 이미지들에게 말해 주는 거야. 그 다음 날 밤이 되면 정해진 15분 동안 다시 만나게 될 거라고 말이야. 우리는 이것을 '최악의 15분'이라고 부를 거야."

엘사가 혼자서도 이 훈련을 할 수 있도록, 나는 엘사와 함께 치료실에서 연습을 해 보았습니다. 두 달 후에 엘사는 다시 잠을 잘 수 있었고, 미리 약속했던 대로 혼자서 짧은 외출을 하기 시작했습니다. 엘사는 또한 엄마에게 그날 무슨 일이 있었는지 털어놓았습니다. 그녀의 엄마는 당장 고소를 해야 한다고 말했습니다. 이미 몇 달 전에 일어난 일이라고 하더라도 말입니다. 하지만 엘사는 거절했습니다. 그 방법은 아무런 도움이 되지 않는다고 생각했거든요.

엘사는 처음으로 내가 안심할 만한 이야기를 해 주었지만, 여전히 불안감을 떨치지 못하고 있었습니다.

"지난번 일로 언제라도 또다시 상처받을 것 같다는 기분이 들어요. 만일 그런 일이 다시 일어난다면, 나를 지키기 위해 무엇을 해야 할지 지금도 모르겠어요."

"엘사, 그렇다면 지금이 바로 그런 상황이라고 가정해 보자. 이건 그리 유쾌한 상상은 아니야. 하지만 어떤 일이 일어날 경우를 대비해서 미리 준비해 두는 편이 훨씬 나을 수 있어. 마음은 더 강해질 테고 온몸은 덜 마비될 거야. 그러니까 너는 조금이라도 움직일 수 있겠지. 그럼 일단 네가 사람들로 몹시 붐비는 지하철이나 버스 안에 있다고 상상해 보자. 그리고 또다시 네 몸을 더듬는 손을 느끼는 거야. 네가 무엇을 할 수 있을까?"

"모르겠어요……."

"어쩌면 소리를 지를 수 있을 거야. 이렇게 말이야. '사람들이 많은 틈을 이용해서 내 엉덩이를 만지지 말아요.' 아니면 '지금 뭐 하는 거예요, 돼지 같은 뚱보 양반?' 혹은 더 짧게 이렇게 말하는 거야. '꺼져!', '그만 둬!' 그런데 네가 아무 말도 할 수가 없다면, 호주머니에 호루라기를 넣고 다니다가 아주 큰 소리로 부는 것도 좋은 방법이야. 여기서 중요한 것은 가능한 한 이 남자를 아주 매서운 눈초리로 똑바로 쳐다보는 거야. 네 생각에 그럴 경우에 어떤 일이 일어날 것 같니?"

"남자가 나에게 이렇게 말할 거 같아요. '미친 년 아냐? 무슨 말을 하는 거야?'"

"그럴 경우에 너는 뭐라고 답할까?"

"모르겠어요. 많은 사람들 앞에서 소란을 피우는 것이 좀 창피할 것 같아요. 그리고 사람들이 그 남자의 말을 믿을까 봐 걱정도 되고 요."

"창피함은 성추행보다는 덜 상처가 될 거야, 엘사. 만약 사람들이 돌아보거나 혹은 지하철 안에서 키득거리는 사람이 있다면, 너는 필 요하다면 열 번이라도 연달아서 아주 큰 소리로 반복해서 이렇게 말 했으면 좋겠어. '내 엉덩이를 만졌잖아요.' 어떤 대답을 듣게 되던 상 관하지 않고 말이야. 왜냐하면 이것이 진실이니까. 하지만 가장 중 요한 것은 설령 네가 확신하지 못한다고 하더라도, 아주 처음부터 이렇게 반응해야 한다는 거야. 네가 아무런 반응을 하지 않고 보내 는 단 1초가 성추행범에게는 그 짓을 계속해도 되겠다는 확신과 느 낌을 줄 수 있기 때문이야.

엘사는 호루라기를 사기로 결정했습니다. 주머니에 호루라기가 있다는 느낌이 마음을 가라앉혀 줄 것 같다고 말했습니다. 그리고 이렇게 결론지었습니다. "선생님도 이제 영화를 끝내도 된다고 믿 으시는 거죠?"

동의에 대하여

　동의라는 것, 이것은 아주 간단할 수 있습니다. 우리는 흔히 "네"라고 대답하면 동의한 것으로 받아들입니다. "아니오"라고 대답하면 동의하지 않은 것으로 받아들입니다. 어떤 놀이에 참여하거나 친구들과 외출을 하거나 입맞춤이나 포옹, 성관계를 할지 말지에 대한 동의도 마찬가지입니다.

　성적인 합의의 경우, 성인에게 어린이가 "네"라고 대답했다면 이것을 어린이의 자유 의지에 따른 동의라고 할 수 있을까요? 공포에 질려 있거나 협박을 받고 있는 사람의 "네"는 어떻게 생각할 수 있을까요? 이런 경우라면 "네"를 "아니오"로 해석하는 것이 옳지 않을까요? 마지못해서 대답하는 "네", 혹은 "아니오"는 어떻게 이해해야 할까요? 이때의 "네"는 강요된 "네"가 아닐까요?
　합의는 해석이나 왜곡의 대상이 될 수 있습니다. 그러므로 동의, 반대, 욕구, 거절을 적절하게 표현하는 법을 배워야 하고, 이것을 이해시키거나 귀기울여 듣는 법 역시 배울 필요가 있습니다. 자신의 욕구와 다른 것, 그리고 그것을 조절하는 것에 귀를 기울여야 한다는 사실을 받아들여야 하는 것입니다.

프랑스는 2017년에 '성적 자기 결정권 연령'을 재검토했습니다. 이 법에 따르면, 정해진 연령 이하의 미성년자일 경우에 합의 성관계가 명백하게 불가능하다고 간주합니다. 다시 말하면 일정한 연령에 도달할 때까지 성관계를 합의할 수 없다고 법으로 규정하는 것입니다. 합의 없이 이루어진 성행위는 자동적으로 성폭행으로 간주되는데, 스페인에서 이 연령은 12세로 정해져 있으며, 스위스는 16세, 벨기에, 이탈리아, 포르투갈, 독일은 14세입니다.(역주 : 프랑스는 2018년 조정 없이 15세로 확정되었고, 한국은 만 13세입니다.)

Chapter 3

너는
계집아이일
뿐이야

'여자아이들은 온순하고 차분하며, 과학에는 소질이 없고, 쉽게 잘 운다'는 말을 한 번도 들어본 적이 없는 사람이 있을까요? 여자아이들을 똑같은 성격을 가진 한 무리로 단정지어 취급하는 이러한 말은 꽤나 많거니와 누구에게나 익숙할 것입니다.

그러나 이러한 표현은 한 개인이나 집단에 대해 아무런 이성적 판단 없이 말하는 왜곡된 생각, 진부한 고정관념에 불과합니다. 성차별적인 고정관념은 타고난 성에 따라 사람들의 성격을 규정짓습니다. 여자 아니면 남자로 태어났다는 이유로 남녀가 서로 다르게 행동하도록 말입니다.

문제는 이러한 고정관념이 개인의 특수성이나 차이를 인정하지 않기 때문에 불편과 고통을 가져오는 경우가 많다는 점입니다. 럭비

(혹은 남성적이라고 말해지는 모든 스포츠)를 하고 싶어 하던 여자아이는 '여자는 남자보다 덜 강하다'는 고정관념에 맞서 싸워야 했고, 친구들과 갈등을 겪고 있는 또 다른 여자아이는 '여자아이들은 늘 온갖 방법으로 분란을 일으킨다'는 사람들의 편견 때문에 자신의 이야기를 제대로 전달하지 못했습니다.

이제 여자아이들의 가치를 폄하하고 한정적인 역할 속에 가두려는 낡은 고정관념에 맞서 싸울 필요가 있습니다. 여자아이들이 자신을 완전히 자유롭게 표현하고 자신의 감정을 제대로 알 수 있도록 해야 하기 때문입니다. 그것이 고통, 분노, 살아가는 기쁨 그 무엇이든지 간에 말입니다!

오르탕스
11세

"그런 이야기는
그만둬!"

　나는 사립 중학교에 재학 중이에요. 우리 반에는 이미 나와 같은 초등학교, 심지어 같은 유치원을 다녔던 친구들이 많아요.

　중학교에 입학할 때까지만 해도 학교 생활이 꽤 희망적이었어요. 학생 수가 더 많아지니까요. 늘 같은 친구들과 지내는데다가 부모님들끼리도 서로를 잘 아는 상황이 약간 힘들었고, 사실 초등학교 5학년일 때는 그다지 잘 지내지 못했거든요.

　하지만 중학교에서도 내가 바라던 일은 하나도 일어나지 않았어요. 예전에 다니던 학교에서 인기 많았던 테레즈와 로즈는 여전히 학년 전체에서 인기가 있어요. 테레즈와 로즈는 4학년이 끝날 무렵부터 나한테 말을 걸지 않고 있는데, 그때부터 반 아이들 전체가 갑자기 나를 무시하기 시작했어요. 왜냐고요? 모두들 그 두 아이에게 잘 보이고 싶어했거든요.

　테레즈와 로즈는, 내가 없는 이야기를 잘 꾸며 내고 비밀을 지키지 않기 때문에 믿을 수 없다고 말해요. 사람들 뒤에서 험담을 하고 다닌다며 위선자라는 말까지 했어요.

이 모든 것은 초등학교 4학년일 때 우리집에 로즈가 주말을 보내러 왔던 날에 시작되었어요. 그날 우리는 누구에게도 얘기하지 않았던, 가장 큰 비밀을 서로에게 털어놓기로 했어요. 그때는 지금보다 어렸고, 로즈의 이름은 장미, 내 이름은 수국을 뜻하기 때문에 학교에서도 두 송이의 꽃으로 통했어요. 바로 그날 나는 로즈에게 테레즈 이야기를 했어요. 항상 지나치리만큼 명

**장미와 수국, 우리는
두 송이의 꽃이었어요.**

령하려고 드는 것 같다고 말이지요. 로즈도 내 생각에 동의했고요.

그런데 월요일이 되자, 테레즈는 자기만 빼놓고 우리끼리 주말을 같이 보냈다는 사실을 알고 몹시 못마땅해했어요. 테레즈는 로즈를 빼앗기기라도 한 듯 되찾기 위해 온갖 짓을 다 했어요. 그 바람에 로즈는 테레즈에게 내가 한 이야기까지 다 털어놓았고요. 그때부터 나는 혼자가 되고 말았어요.

쉬는 시간이면 낯익은 얼굴 대여섯이 모여 앉아서 나를 지켜보고 있다가 이렇게 말하곤 해요. "안녕, 수다쟁이, 요즘은 누구 험담을 하고 다니니? 이번에 네가 나쁜 소문을 내기로 결정한 애는 누구야? 너 같은 애를 뭐라고 부르는지 혹시 아는지 모르겠다?"

테레즈 주위에는 나를 비웃듯이 쳐다보며 수군거리는 한 무리의 아이들이 있어요. 늘 같은 이야기예요. 수다쟁이인데다 분란만 일으

키니 믿을 수 없다고요. 그러니 누구도 나에게 말을 걸지 않도록 해야 한다고요. 그리고 그 말은 효과가 있었어요. 정말로 누구도 나에게 말을 걸지 않았으니까요.

처음에 나는 '그건 사실이 아니야. 로즈한테 말고는 누구에게도 험담한 적이 없어.'라고 변명했어요. 그리고 이미 2년이나 더 지난 사소한 일에 대해서 이렇게까지 끈질기게 물고 늘어지다니, 정말 어처구니없다고 말했어요. 하지만 그것으로 아이들의 공격을 멈추게 할 수는 없었어요. 지금도 계속되고 있고, 나는 이제 더 이상 아무런 대답도 하지 않아요. 그 아이들이 나에게 다가오면 그냥 눈을 내리깔고 다른 곳으로 가려고 노력해요. 때로 그 아이들은 나를 졸졸 따라오기도 하고 그냥 무시한 채 다른 데로 가 버리기도 해요. 어떤 날은 내 앞을 가로막을 틈을 주지 않으려고 화장실까지 재빨리 뛰어간 적도 있어요. 또 어떤 날은 쉬는 시간을 꼬박 교실 안에서만 보내기도 했어요. 그럴 때는 잠시라도 마음이 편해질 수 있으니까요.

내가 왜 이래야 하는지, 정말 답답했어요.

화요일은 그나마 휴식 같은 날이에요. 한 학년 아래에 친구가 한 명 있어서 쉬는 시간에 이야기를 나눌 수 있거든요. 화요일은 우리의 일과표가 같은 유일한 날이죠. 그리고 그 자리에 테레즈와 로즈는 오지 않아요. 내가 혼자 있지 않으니까요.

더 이상 견딜 수 없다고 생각했던 어느 날 저녁, 엄마에게 모든 이야기를 털어놓았어요. 그래서 부모님이 이번 일에 개입하게 된 거예

맞아, 오르탕스는 너무 말이 많아.
저 애가 너를 뭐라고 했는지 알아?
매일 다른 사람 뒷이야기를 하고 다닌다며?
정말로 여자애들이란…….
게다가 쟤는 늘 했던 말을 또 해.
굉장해!
대단한 입이야……!

요. 엄마에게 아무것도 하지 말라고 애원했지만, 엄마는 우리가 화해하도록 나설 필요가 있다고 말했어요. 엄마는 테레즈의 엄마에게 전화를 걸었고, 일종의 중재를 하기 위해서 부모님들과 아이들이 모두 함께 만나기로 결정했어요. 로즈의 아빠와 엄마, 테레즈의 아빠와 엄마가 아이들을 데리고 우리집으로 왔어요. 그리고 엄마는 나에게, 내가 그 아이들을 비난할 수밖에 없었던 일들을 모두 이야기하라고 했어요. 나는 숨김없이 진실을 말했어요. 테레즈와 로즈는 하지도 않은 말을 했다고 한다면서 내가 과장하고 있다고 반박했어요. 따라서 이런 사소한 문제로 이 많은 사람을 불러 모을 필요까지는 없었으며, 자신들에게는 정말 아무런 문제가 없다고 볼멘소리를 했어요. 그러고는 내가 모든 사람들을 비난하는 경향이 있기 때문에 우리가 예전만큼 친하지는 않다는 말까지 덧붙였어요. 그 아이들 말은 정말 설득력이 있었어요.

그러자 테레즈의 엄마가 나섰어요. "아니 땐 굴뚝에 연기 나는 법은 없지, 오르탕스. 게다가 너는 4학년 때 테레즈에 대해 별로 좋지 않게 말했던 적이 있잖아. 인

나는 숨김없이 진실을 말했어요.

정하지? 결국 주는 대로 돌려받는 거란다." 이어서 테레즈의 아빠는 정말 지루하다는 듯 다음과 같이 결론지었어요. "간단히 말해서, 이건 여자아이들 사이에 흔히 일어날 수 있는 일이야. 학교에서도, 그리고 방과 후에도 여자아이들이 어떤지 우린 이미 잘 알잖아요. 늘 수다를 떨고 서로를 비난하고…… 그다지 새로울 것도 심각할 것도 없어요. 자, 서로 안아주고 우린 이 문제에 대해서 더 이상 언급하지

여자아이들 사이에 흔히 일어나는 일이 아니라고요……

맙시다."

나는 그때 이후로 모든 아이들에게 왕 따를 당하고 있으며, 내가 4학년 때 했던 것보다 로즈와 테레즈가 더 심하게 하고 있다고 설명하려고 했어요. 하지만 로즈의 엄마가 내 말을 잘랐어요. "자, 이제 상황을 악화시키는 짓은 그만 하렴, 오르탕스. 모두가 그 일에는 더 이상 관심이 없다는 건 너도 잘 알잖아." 그런 다음 로즈의 엄마는 느닷없이 우리 엄마를 향해 말했어요. "아무튼 남자아이들은 훨씬 덜 복잡하다니까요, 그렇지 않나요?" 우리 엄마는 동의했어요. 하지만 로즈의 엄마가 모르는 것이 있었어요. 여자아이들은…….

그 다음 날, 테레즈와 로즈는 곧장 운동장으로 나를 보러 와서는 이렇게 말했어요. "너는 정말 구제불능이야. 심지어 너는 우리 부모님한테도 우리에 대해 나쁘게 말하려고 했어. 넌 도대체 얼마나 더 해야 그만 둘 거니?" "너도 잘 알겠지만, 더 이상 누구도 너를 믿지 않아. 심지어 어른들도 말이야. 우리 엄마가 말했듯이, 너는 정말 지독해."

나는 정말 심각한 병원균이 된 기분이었어요. 내가 정말 이상해진 것 같았어요.

이제 더 이상 그 일에 대해서 엄마에게 이야기하지 않아요. 이제 그만 싫증이 나서 그만 됐으면 좋겠어요. 그런데 이렇게 서로를 괴

롭히는 일이 여자아이들 사이에 더 자주 있는 일인가요? 그게 정말
사실인가요?

여러분의
생각은
어떤가요?

▶ 오르탕스가 처한 상황을 그림
으로 그려 보세요. 오르탕스가 시
도했지만 효과가 없었던 방법들
(대답하기, 무시하기, 부모님께
도움 요청하기)에 대해서 어떻게
생각하나요?

▶ 여러분은 테레즈와 로즈가 오
르탕스를 괴롭히는 일이 언젠가는
싫증날 거라고 생각하나요? 그렇
다면 그 이유는 무엇인가요?

▶ ▶ ▶ 상 담 선 생 님 의 제 안

 오르탕스가 만약 남자아이였다면, 어른들이 이 일을 똑같은 방식으로 받아들이고 대응했을까요? 답은 '아니오'입니다. 그렇기 때문에 이 이야기를 꼭 들려주고 싶기도 했습니다. 그러면 오르탕스가 여자아이라는 사실은 어떤 영향을 주었을까요?

▶ 부모님들이 거리낌없이 '주는 대로 돌려받는 것'이라고 말할 수 있게 해 주었습니다. 왜냐하면 부모님들은 여자아이들이 원래 은밀히 다른 사람들을 비난하기를 좋아한다는 편견을 가지고 있기 때문입니다.

▶ 오르탕스가 겪고 있는 고통이 그다지 심각한 것이 아니라고 과소평가하게 만들었습니다. 대부분의 여자아이들처럼 오르탕스가 과장해서 말하고 있다고 생각했기 때문입니다. '여자아이들은 남들을 비방하고 험담하고 수다스럽다'는 식의 고정관념 때문에, 부모님들은 오르탕스의 고통을 진지하게 생각하지 않았습니다.

나는 오르탕스에게 먼저 중요한 한 가지를 말해 주어야 했습니다. 우리 상담실의 '180도 전략' 팀은 모두 여자이지만 아주 오랫동안 다 함께 일을 잘 해오고 있다고 말입니다. 그런 다음 이야기를 계속했습니다.

"문제는 지금까지 테레즈와 로즈가 아무런 뒷감당도 할 필요 없이 너를 쉽게 공격할 수 있었다는 사실이야. 그러면서 오히려 그 아이들의 인기는 더 높아지고 있었고, 심지어 부모들로부터도 인정을 받고 있으니, 너에 대한 공격을 멈출 이유가 전혀 없는 거야. 그리고 알아두어야 할 게 하나 있는데, 우리가 앞으로 만들 해결책으로 그 아이들이 싫증이 나도록 하기까지는 약간의 시간이 걸린다는 점이야. 그러니까 중요한 것은, 그 아이들이 자신의 무분별한 행동에 대해 반드시 뒷감당을 하게 만들어야 한다는 거야. 네가 180도 전략을 써야 하는 것은 바로 그 때문이란다. 테레즈와 로즈가 너를 공격할 때마다 너는 어떻게 대응했지? 그 아이들이 하고 있는 말은 모두 거짓이고, 그 아이들이 너보다 더 나쁘다고 말했어. 그리고 그 꾸며낸 이야기들이 너를 얼마나 괴롭히고 있는지 다른 사람에게 보여 주려고 했어. 하지만 이제부터는 달라지도록 해 보자. 지금까지와 반대로 하는 거야."

내가 오르탕스에 제안한 방법은 이렇습니다. 오르탕스가 아이들의 비난을 인정하는 것은 물론, 한 술 더 떠서 지독한 수다쟁이라는 것을 진지하게 받아들이는 것처럼 행동으로 보여 주자는 것이었습니다. 그런 행동이 공격을 해 오는 아이들로 하여금 자기들의 행동을 두려워하게 만들 수 있기 때문입니다.

"다음 번에 그 아이들이 너한테 와서 뭐라고 하면 이렇게 말해 주는 거야. '그래, 너희들 말이 옳아. 나는 정말 비열한 애야. 어떻게 하면 험담을 더 잘할 수 있을지 너희들에 대해 메모까지 하고 있었다니까. 예를 들면 어제는 너희에게 붙여 줄 재미난 별명을 생각해 봤어. 다른 애들한테 물어보니까 약간 잔인할지는 몰라도 아주 적절한 별명이래. 페이스북에서 너희 별명에 대해 토론이 벌어질지도 모르는데, 너희도 알고 싶지?' 심지어 그 아이들이 뭐라고 대답하기 전에 이렇게 덧붙이는 거야. '사실은 아니야. 너희들이 직접 그걸 찾아냈으면 좋겠어. 그게 더 재밌을 거야. 건물 여기저기에 그걸 써 놓을 거거든. 조금만 주의를 기울인다면 알아볼 수 있지 않을까?' 그리고 너는 그 애들이 너한테 접근할 때마다 곧장 주머니에서 수첩을 꺼내 메모를 하거나 그림을 그리는 척하는 거야. 네게 무슨 말을 하든지 상관없이 미소를 지으면서."

그러자 오르탕스가 물었습니다.

"하지만 그 아이들에게 어떤 별명을 붙여야 할지 잘 모르겠어요. 그러면 벽에 아무것도 쓸 수 없잖아요."

"내 생각에 그런 고민을 할 일은 없을 거야. 게다가 실제로 너는 아무 말이나 하는 수다쟁이가 아니잖아. 네가 그 부분에 뛰어난 재능이 있다고 생각하진 않는데?"

그로부터 몇 주 뒤, 상담실로 찾아온 오르탕스가 밝은 얼굴로 말했습니다.

"세상에! 화요일마다 불안한 표정으로 나를 쳐다보는 테레즈와 로즈의 모습을 선생님이 봤어야 해요. 내가 5학년 아이들과 함께 있을 때면 혹시나 자기들 이야기를 하는 건 아닌지 확인하고 싶어 하고, 또 내가 어디에 낙서를 했나 궁금한지 수업 중에도 내 바로 뒤에 앉는다니까요. 심지어 화장실까지 쫓아온다고요. 그럴 때마다 약간은 대수롭지 않다는 듯한 표정으로 미소를 지어 주곤 해요. 정말 좋은 건 뭔지 아세요? 이제 스트레스를 덜 받게 됐다는 거예요. 그리고 친구가 생겼다는 거죠. 우리 반 여자아이 중에서요."

가사에 대한 정신적 부담

▶ 1980년대부터 사람들은 여자들이 대부분 감당해 온 '가사에 대한 정신적 부담'에 대하여 말하기 시작했습니다. '가사에 대한 정신적 부담'이란 무엇을 말할까요? 간단하게 말하면 가족과 관련하여 해야 할 모든 일에 대해 생각하고 책임지는 부담입니다. 예를 들어 장을 보는 일도 간단치 않습니다. 장을 보러 가기 전에 필요한 식재료나 생필품이 무엇이 있는지 확인한 뒤 사야 할 물건들의 목록을 만들어야 합니다. 세탁물 관리도 그렇습니다. 세탁물을 관리하는 것은 단지 세탁기를 돌린다는 것만을 말하지 않습니다. 더러워진 세탁물의 양을 확인하고, 세탁기를 돌리기 전에 빨래를 모아서 분류하고, 세탁기를 돌린 후에는 빨래를 널어서 말린 뒤에 정리하는 과정 모두를 말하는 것입니다. 가족들이 함께 보낼 주말 계획을 세우는 데도 여러 가지 준비가 필요합니다. 예약을 하고, 일정을 확인하고, 키우는 식물이나 동물이 있다면 어떻게 관리할지도 미리 생각해 두어야 합니다. 그 밖에도 병원

방문 일정을 잡거나 아이들의 일정을 체크하고, 그 일정을 함께하기도 해야 하며, 어린아이가 있는 경우라면 베이비시터를 예약하는 것도 빼놓을 수 없습니다. 어찌 보면 너무 사소해서 눈에 잘 띄지도 않는 일들이 하루 종일 서로 겹쳐서 생기기 마련인 것입니다. 이렇게 쌓이는 집안일은 대부분 여자들이 담당합니다.

▶ 연구 자료를 보면, 부부 간의 가사 분담은 아주 느린 속도로 이루어지고 있습니다. 1985년에서 2010년 사이에 여자들은 집안일을 하면서 보내는 시간이 1시간 이상 줄어들었지만, 남자들이 집안일을 하는 시간은 거의 변동이 없었습니다. 게다가 집안일 자체에도 남녀 구별이 여전히 심하게 남아 있습니다. 집안 청소, 다림질, 식사 준비처럼 매일 일어나는 일상적인 일들은 대부분 여자가 담당하고, 남자는 대체로 휴일 식사나 집수리같이 시간이 오래 걸려 특별하게 느껴지는 일들을 담당합니다. 또한 여자들은 직장에서도 집안일을 신경 쓰지 않을 수 없기 때문에 더욱더 정신적 부담을 느끼게 됩니다. 심지어 직장에서도 여자들은 집안일을 계획하고 처리하느라 골치가 아픕니다.

내 몸에 상처를 내고
아픔을 느낄 때마다
오히려 마음은 덜 아파요.

클레망스
14세

"아무 말 말고,
노력이나 해!"

처음 시작한 건 여섯 달쯤 전이었을 거예요. 열세 살이었죠. 자해를 하고 싶은 충동이 정확하게 어디서 시작되었는지는 잘 모르겠지만, 우리 가족에게 일어난 일과 관련이 있는 것은 분명해요.

부모님이 이혼했을 때 오빠와 나, 그리고 엄마는 무척 힘들었어요. 특히 엄마는 전혀 준비되지 않은 상태였기 때문에 무척이나 힘들어했어요. 나는 오빠인 마르탱과 함께 엄마를 많이 돌봐 줘야 했지요. 엄마는 주로 나에게 의지했어요. 오빠는 엄마를 돌보는 일에 금세 싫증을 냈고, 그럴 때마다 이 핑계 저 핑계로 빠져 나가곤 했거든요. 나는 엄마를 더 힘들게 하지 않으려고 때로 울음을 참곤 했어요. 정말이지 무척 힘든 시기였어요.

아빠는 새 애인인 레베카를 만나면서 엄마를 떠난 거였어요. 이혼한 지 얼마 지나지 않아서 레베카와 살림도 차렸고요. 처음에 오빠

147

와 나는 레베카를 보고 싶지 않았어요. 엄마가 몹시 속상할 테니까요. 오빠와 나는 일주일에 한두 번 정도만 아빠를 만나 점심을 먹곤 했어요.

그렇게 여섯 달 정도 지냈던 것 같아요. 어느 날 아빠한테서 전화가 왔어요. "클레망스, 아빠 생각에는 이제 너희들이 레베카를 만날 때가 된 것 같구나. 곧 레베카와 결혼하려고 해. 이 일은 아빠에게 아주 중요한 일이야. 네 엄마가 쉽게 동의하지는 않을 테고, 또 오빠는 심통을 부릴 거라는 거 잘 알아. 하지만 아빠는 네가 엄마와 오빠를 잘 설득해 줄 거라고

내가 원래 착하고 친절하다고요?

믿어. 너는 원래 착하고 친절한 아이잖니. 다음 주에 만날 때 레베카를 소개시켜 줄 테니까, 마르탱도 그 자리에 너와 함께 꼭 왔으면 좋겠구나." 갑작스런 아빠의 말에 나는 그저 '네' 하고 대답할 수밖에 없었어요. 아빠를 힘들게 만들고 싶지 않았으니까요. 불가능한 일이 아니라면 다른 어느 누구도요. 선생님은 누군가를 슬프게 만들 수밖에 없는 상황에 있어 본 적이 있어요? 나는 그때 그랬어요. 내 인생에서 지금 벌어지고 있는 상황이 그렇다는 느낌이 들었어요. 내 곁의 모든 사람을 지켜 주려고 노력했지만 결국 그러지 못했어요.

아빠 전화를 받고 나서 엄마에게 레베카와의 점심 약속에 대해 말했을 때, 엄마는 많이 울었어요. 그러고는 이렇게 말했어요. "엄마에게 약속해 줄 수 있니? 그 여자를 좋아하지 않을 거라고 말이야." 나는 엄마하고 약속했어요. 마르탱은 식사를 하는 동안 한마디도 하지 않을 것이고, 레베카를 마녀처럼 취급할 거라고도 했죠.

148

마침내 그날이 왔고 레베카와의 점심 식사 시간은 그럭저럭 잘 지나갔어요. 나는 아빠가 너무 불편하지 않도록 살짝이라도 웃으려고 노력했고, 레베카가 가끔 하는 질문에도 잘 대답하려고 애썼어요. 하지만 모두가 긴장된 상태였어요. 하지만 마르탱은 아빠의 새 애인을 많이 화나게 만들고 있었어요. 그리고 그건 마르탱이 원하던 일이었죠.

그 뒤 2주에 한 번씩 아빠 집에 가서 주말을 보내게 되었어요. 그럴 때마다 가장 힘든 일은 레베카와 마르탱이 서로를 싫어한다는 것이었어요. 두 사람은 마치 서로가 존재하지 않는 것처럼 행동했어요. 레베카가 나타나면 마르탱이 딴 방으로 피하고, 아니면 레베카가 피하는 식이었어요. 이 일로 인해서 주말마다 아빠와 레베카가 다투었어요. 왜냐하면 마르탱은 레베카를 외면할 뿐만 아니라 일부러 집안일도 하지 않았고, 자기 몫의 뒷정리나 식탁 정리조차 하지 않았거든요. 레베카가 최대한 정중하게 요구했는데도 말이에요. 어느 날 마르탱은 레베카의 등 뒤에서 손가락 욕을 하기도 했어요. 그리고 그녀가 말하는 동안 여러 차례 휘파람을 불거나 먼 산을 쳐다보기도 했지요.

그런 두 사람을 보고 있는 것만으로도 내겐 고통이었어요.

언젠가 아빠와 마르탱이 서로 다툰 적이 있어요. 마르탱은 깊이 생각할 일도 아니라는 듯 최선의 방법은 더 이상 이 집에 오지 않는 것이라고 말했어요. 어떤 수를 쓰더라도 자신은 아빠의 '끔찍한 새 아내'를 좋아할 수 없으며, 아무런 노력도 하

지 않을 거라고도 했어요. 아빠는 마르탱에게 이렇게 말했어요. 레베카를 좋아하라는 요구는 하지 않겠지만, 최소한의 존중은 해 줬으면 좋겠다고 말이에요. 함께 모였을 때 인사를 하거나 기본 예절을 지키는 정도로요. 하지만 마르탱은 마녀와 잘 지내라는 요구는 안 했으면 좋겠다고 대답했어요. 아빠는 몹시 슬퍼했고, 나도 오빠에게 부탁했어요. "마르탱 제발, 겨우 2주에 한 번이잖아." 그러고 나서 보름이 지나고 다시 주말이 될 때까지 다툼은 계속되었어요.

내 생각에 마르탱은 상황을 정말로 끔찍하게 만들어서 아빠와 레베카가 더 이상 함께 살지 않게 되기를 바라는 것 같았어요. 하지만 나는 그렇게 생각하지 않았어요. 아파트 안에서 일어나는 거의 모든 일을 들을 수 있는데, 매번 싸움이 끝난 후에 아빠와 레베카가 그들의 방에서 아주 잘 화해하는 소리가 다 들렸거든요.

나는 레베카를 더 화나게 만들지 않으려고 노력했어요. 내가 그녀를 전혀 사랑하지 않는다고 하더라도, 어찌 되었든 아빠가 힘들어지는 것만은 피하고 싶었으니까요. 그래서 청소를 하고 설거지와 방 정리를 하면서도 늘 웃는 얼굴로 레베카를 대하려고 노력했어요. 심지어 그녀가 하는 일에 대해 관심 있는 것처럼 여러 차례 질문을 던지기도 했지요. 덕분에 나는 그리 끔찍하지만은 않은 주말을 보낼 수 있었어요.

우리가 일요일 저녁에 집으로 돌아오면 마르탱은 엄마에게 이렇게 말해요. "엄마, 그 매춘부에게 인생 최악의 주말을 보내게 해 주고 왔어요." 마르탱의 그런 말이 엄마를 기분 좋게 해 준다는 것을 나는 잘 알고 있었어요. 엄마는 종종 내게 레베카를 좋아하는지 물

마음이 아파서 견디기 힘든 날이 점점 많아졌어요.

었고, 나는 물론 아니라고 대답했어요. 정말 그랬어요. 레베카를 정말 싫어했으니까요. 나는 그래도 아빠를 사랑한다는 말을 하고 싶었어요. 하지만 그러지 않았어요. 어쩌면 그 말이 엄마를 더 화나게 만들 수 있지 않을까 싶어서요. 엄마와 아빠가 서로 차분한 상태로 다시 대화를 나눌 수 있게 되었으면 좋겠어요. 엄마는 나에게 말하곤 해요. "아무튼 너무 자주 보는 건 좋지 않겠어." 나는 그게 비난이라는 것을 잘 알고 있어요.

어느 날 나는 아빠 집 계단 위에 숨어 있다가 아빠와 레베카가 하는 말을 엿듣게 되었어요. 아빠가 레베카에게 말했어요. "여보, 나에게 자식이 있다는 걸 당신에게 감춘 적이 없잖아. 당신이 아이들을 위해 노력하지 않는다면, 나도 어떻게 해야 할지 잘 모르겠어. 하지만 클레망스가 견디기 힘들다고 말하는 건 좀 너무 하지 않아?" 그러자 레베카는 끔찍한 대답을 했어요. 그 대답이 어느 정도 진실이었기 때문에 그녀의 대답은 그 뒤로도 내 머릿속을 떠나지 않았어요. "당신 아들은 가까워지기가 정말 힘들어. 장점이라고는 찾으려야 찾을 수도 없고 말이야. 반면에 당신 딸은 건강해 보이긴 하지만 정말 나를 성가시게 해. 그 애가 내게 말을 걸 때마다 내가 마치 그아이의 직장 상사나 정신병자가 된 기분이야. 누구라도 죽이고 싶은 충동을 누르면서 간신히 버티는 기분이라고. 알겠어? 게다가 당신 딸은 당신 전처를 너무 많이 닮았어. 난 걔가 정말 싫어."

아빠는 눈물을 보이기 시작했어요.

152

나는 더 이상 엿듣고 있을 수가 없었어요. 그래서 방으로 들어갔고, 지금 선생님에게 처음으로 이 이야기를 하고 있어요. 아마 그날 저녁이었을 거예요. 자해를 시작한 게…….

상황이 점점 더 나빠지는 건 아닌지 모르겠어요. 적어도 하루에 한 번씩은 자해를 하고 싶다는 생각이 들거든요. 허벅지나 배에 상처를 내고 아픔을 느낄 때마다 오히려 마음은 덜 아파요. 마치 고통이 다른 부위로 옮겨간 것처럼요. 결국 그 고통이 마음을 진정시켜 주나 봐요. 물론 일시적이라는 건 알아요. 그리고 시간이 지날수록 점점 더 위험해지고 있다는 것도요. 아마 흉터는 평생 그대로 남아 있겠죠. 하지만 그만둘 수는 없어요. 덜 아프기 위해서 찾아낸 유일한 방법이니까요.

여러분의
생각은
어떤가요?

▶ 클레망스의 아빠는 왜 오빠가 아닌 클레망스에게 상황을 중재해 달라고 부탁했을까요?

▶ 그것이 적절했다고 생각하나요?

딸이 더 친절하고 이해심 많을 거라고 클레망스의 아빠가 생각한 이유는, 딸과 아들에 대한 고정관념 때문입니다. '딸은 대부분 차분하거나 사교적이고, 아들은 화를 잘 내고 거칠다'는 식으로 말입니다. 클레망스의 아빠가 마르탱과 엄마 곁에서 갈등을 풀어 달라고 클레망스에게 부탁했던 이유도 바로 그 고정관념에서 비롯된 것입니다.

하지만 클레망스는 어느 순간부터 난감한 상황에 처하게 되었습니다. 아빠의 기대에 따라 가족들에게 친절하게 대하며 도우려고 노력했지만, 자신이 생각했던 것과는 완전히 반대되는 세 가지 결과와 마주하게 되었습니다.

- 아빠는 여전히 고통스러워한다.
- 엄마와 새엄마는 클레망스를 원망한다.
- 클레망스 자신은 점점 더 힘들어진다.

클레망스는 새엄마와 오빠 사이의 어긋나 있는 관계를, 자신이 그들 각자와 맺고 있는 관계를 통해서 균형을 맞출 수 있을 거라고 믿었습니다. 자신이 레베카에게 친절하게 대함으로써 오빠의 잘못된 행동을 벌충할 수 있을 것이라고 생각했던 것입니다. 그러나 관계라는 것은 사람들 사이에 이어져 있는 끈과도 같습니다. 우리가 어떤 관계를 맺고 있을 때, 우리는 그 관계라는 끈의 한쪽 끝을 붙잡고 있는 것이고 따라서 그 끈에 영향력을 행사할 수 있습니다. 하지만 우리가 붙잡고 있지도 않은 끈(관계)에 영향력을 행사할 수는 없습니다. 오히려 그 끈에 매듭을 만들 위험이 있음을 알아야 합니다.

클레망스는 새엄마, 아빠, 마르탱, 그리고 엄마와 관계를 맺고 있습니다. 클레망스는 자신이 맺고 있는 이 관계들에 대해 영향력을 행사할 수 있습니다. 하지만 마르탱과 레베카, 마르탱과 아빠, 그리고 엄마와 아빠 사이의 관계에 영향력을 행사할 수는 없습니다. 아빠는 딸인 클레망스가 '평화 임무'를 수행하는 데 가장 적합하다고 생각했지만, 클레망스는 자신이 영향력을 끼칠 수 없는 것을 개선하려고 애쓰다가 결국 지쳐 버리고 말았습니다.

나는 지쳐 있는 클레망스에게 이렇게 이야기해 주었습니다.
"자, 네가 직접적으로 영향을 끼칠 수 없는 관계는 모두 내려놓아 보자. 다른 사람들에게 도움을 주려는 노력을 포기해 보는 것도 너에겐 의미가 있을 거야. 네 생활을 가장 엉망으로 만들고 있는 것부터 시작해 볼까? 너는 레베카에게 가능한 한 부드럽게 대하려고 노력해 왔어. 그렇지 않니?"
"맞아요."
"하지만 잘 되지는 않았어, 그렇지?"
"네, 전혀요."
"만약 네가 레베카에게 이렇게 말했다면 무슨 일이 일어났을 것 같니? '레베카, 내가 뭘 해도 우리 사이가 좋아지는 것 같지는 않아서 이제 지쳤어요. 내가 아무리 예의 바르고 친절하게 대한다고 해도 나한테는 원망만 돌아오는 것 같아요. 내가 만약 오빠처럼 심술 궂게 군다면, 당신은 분명히 나를 또 원망할 거예요. 그래서 이제부터는 안 그럴 거예요. 더 이상 당신의 비위를 맞추려고 노력하지 않을 거라고요. 내가 그렇게 하면, 당신에게도 나를 싫어할 만한 정당한 이유가 생기는 거겠지요. 하지만 적어도 마르탱보다는 덜 끔찍하게 굴 거예요. 그건 약속할게요.' 하고 말이야. 어떻게 생각하니?"

"레베카가 어떤 사람인지 안 이상 저도 그렇게 말하고 싶어요. 하지만 아마 레베카는 아빠에게 나에 대한 불평을 늘어놓을 거예요."

"네 말이 맞아. 하지만 생각해 보렴. 레베카는 이미 그렇게 하고 있잖니?"

"맞아요. 그래도 아빠는 계속해서 레베카에게 상냥하게 대해 달라고 제게 애원할 것 같은데요."

"그럴 경우 아빠에게는 뭐라고 하면 좋을까?"

"이제껏 해 온 노력은 아무런 효과가 없었고, 모두의 비위를 맞추는 일에 나도 이제 지쳤다고요."

"좋아, 클레망스. 그럼 아빠와 단둘이서만 시간을 보내고 싶다고 한번 말해 봐. 이번 주말에 말이야. 지금 네게 필요한 건 그거 같아. 그렇게 한다면 네가 얼마나 아빠를 사랑하는지 아빠도 알 수 있을 거야."

"그럴게요, 그건 덜 힘들 것 같아요."

"엄마에게는 이렇게 말해 보면 어떨까? '이 상황이 엄마를 얼마나 힘들게 하는지 나도 어느 정도 알아요. 하지만 이제 아빠나 레베카에 대해서는 그만 이야기했으면 좋겠어요. 늘 엄마가 나를 원망하는 것으로 이야기가 마무리되니까요. 게다가 나는 엄마 편만 들기는 어려워요. 엄마 딸이기도 하지만 아빠 딸이기도 하잖아요.' 이렇게 말이야."

"엄마는, 자신이 버림받았다고 할지도 모르겠어요. 오래 전부터 제가 아빠 편이었다는 걸 알고 있었다고 하면서요."

"그렇다면 엄마가 잘못 생각하고 있다는 걸 어떻게 이해시키면 좋을까?"

"그건…… 나는 나 자신을 제외한 누구의 편도 아니라고 말하고 싶어요. 내가 나 자신을 먼저 보호해야 한다는 사실을 잘 알고 있으니까요. 그동안 자해를 하고 있었다는 사실도 엄마에게 솔직하게 말할 거예요. 그리고 이제는 고통과 분노를 표현하는 다른 방법을 찾을 필요가 있다고도 말하고 싶어요. 그러면 엄마는 나를 도와줄 것 같아요. 그건 확신할 수 있어요."

클레망스는 분노를 표현할 필요가 있었습니다. 하지만 분노를 표현하는 다른 방법이 필요했습니다. 문제는 분노의 표현이 여전히 남자들에게만 허용되고, 여자들은 특히 슬픔과 두려움을 표현하는 것으로 여겨진다는 것입니다. 이런 경향은 잘 알려진 동화 속에서도 확인할 수 있습니다. 한편에는 도와달라고 소리 지르는 것 말고는 아무것도 할 수 없는 연약한 공주가 있고, 다른 한편에는 거대한 용도 물리칠 수 있는 용감한 왕자가 있는 것처럼 말입니다! 분노는 본능적인 감정입니다. 우리의 분노가 두려움이나 슬픔에 억눌려 있기 때문에 종종 우리는 분노를 다룰 수가 없는 것입니다.

그래서 나는 클레망스에게 이렇게 제안했습니다.

"분노의 편지를 한번 써 보는 거야. 네가 레베카에게 가지고 있는 그 감정을 억지로 숨기거나 감추려 들지 말고 밖으로 드러내자는 거야."

"하지만 그런 편지를 어떻게 레베카에게 줄 수 있을까요?"

"아냐, 그럴 필요는 없어. 너는 그 편지들을 나에게 보내면 돼. 너는 레베카에게 편지를 쓰는 동안 너 자신을 내려놓고, 머릿속에 떠오르는 거친 단어들과 비난의 말들을 그대로 표현해 보는 거야. 왜냐하면 너를 고통스러운 상황에 처하게 한 그 여자와 자신들의 문제에 너를 개입시킨 모든 어른들에게 네가 화를 내는 것은 아주 당연하기 때문이야. 당연하지 않은 것은, 네가 이러한 분노를 오직 너 자신에게만 향하게 하는 거야."

클레망스는 신중한 성격이었기 때문에 레베카를 향한 '분노의 편지'를 써 보는 것만으로도 충분히 그녀 앞에서 당황하지 않고 자신의 생각을 말할 수 있게 되었습니다. 레베카는 아무런 대답도 하지 않았습니다. 하지만 클레망스는 그녀의 눈이 놀라움으로 반짝이는 것을 보았다고 했습니다. 그 후로 클레망스는 레베카를 예의 바르게 대하긴 했지만 더 이상 억지로 설거지를 하거나, 청소를 하거나, 미소를 짓지는 않았고, 더 이상 오빠와 아빠 사이의 다툼에 개입하지도 않았습니다. 그리고 자신의 고통을 엄마와 아빠에게 털어놓았으며, 그들은 딸의 고통을 잘 이해해 주었습니다.

가족들의 관계는 그다지 좋아지지는 않았습니다. 하지만 클레망

스는 이 상황을 있는 그대로 받아들이기로 마음먹었습니다. 클레망
스 자신은 사랑하는 모든 사람과 잘 지내고 있었고, 그것이 가장 중
요하니까요.

사미아
15세

"럭비는 네가 할
운동이 아니야!"

3학년 때, 나는 중학교 럭비 팀에 들어가고 싶었어요. 그래서 코치 선생님을 만나러 갔는데, 코치 선생님은 럭비를 하고 싶어 하는 다른 여학생이 없기 때문에 여자 럭비 팀을 만드는 것은 힘들 거라고 말했습니다.

나는 남학생들과 경기를 하는 것도 괜찮다고 말했습니다. 코치 선생님은 매우 난처한 표정이었습니다. 하지만 코치 선생님은 결국 규칙을 약간 조정할 필요가 있다고 하면서 받아 주기로 했습니다. 왜냐하면 내가 남학생들과 '어쨌든 같지는 않을 테니까'요.

첫 번째 훈련에 참석했을 때, 남학생들은 내가 왔다는 사실에 몹시 큰 소리로 불만을 표현했어요. 그리고 누구도 자기 팀으로 받고 싶어하지 않았어요. 그런 건 예상했던 상황이었던지라 마치 여왕처

나한테는 태클을 걸면 안 된다고?

럼 의연한 태도를 보였어요. 코치 선생님은 하는 수 없이 제비뽑기를 시켰어요. 그리고 누구도 나에게 태클을 걸어서는 안 된다는 것을 규칙으로 정했지요. 코치 선생님은 반드시 남학생과 여학생에게 차이를 두어야 한다고 생각했으니까요. 나는 럭비를 할 수 있게 되었다는 사실만으로도 만족해서 아무런 말도 하지 않았어요. 그리고 곧 시합이 시작됐죠. 클럽에서 뛴 적도 있었고 근육이 꽤 발달한 편이어서 나는 잘 적응할 수 있었어요. 코치 선생님은 내 실력에 많이 놀랐다고 적어도 다섯 번은 아주 큰 소리로 말했어요. 그런데 남학생들은 이렇게 말하면서 비웃었죠. "아무도 태클을 걸지 않잖아요. 그 정도는 누구나 할 수 있다고요!" 나는 남학생들이 두고 보면 알 거라고 생각했어요.

그 시기에 나는 그리 사교적인 편은 아니었고, 오히려 성차별적인 태도에 거칠게 반응하는 편이었어요. 아직 어렸고 에너지가 넘쳤으니까요. 네 번째 훈련이 끝났을 때, 코치 선생님에게 건의했어요. 모든 선수에게 같은 규칙을 적용했으면 좋겠다고요. 남학생들은 나를 처음 보았을 때보다 더 요란한 소리를 냈어요. 그건 말도 안 되는 일이고, 나에게는 자신들과 다른 규칙을 적용해야만 하며, 그렇게 하지 않으면 더 이상 진정한 럭비가 아니라고 말이에요! 나는 머릿속으로 이런 생각을 하고 있었어요. "솔직히 말해서 나는 너희들을 전혀 이해하지 못하겠어."

나는 위계질서에 대해 잘 알고 있었기 때문에, 코치 선생님이 그

162

골칫덩어리 무리를 잘 관리할 거라 생각했습니다. 코치 선생님은 이렇게 말했습니다. "사미아는 너희들과 실력이 비슷해. 그렇기 때문에 사미아에겐 더 이상의 특별한 규칙이 필요 없겠어."

바로 그 순간, 나는 혼자서 싸우는 것이 불가능하다는 것을 알았습니다.

그들 모두가 나에게 강력한 태클을 걸었기 때문입니다. 모두가 말입니다. 심지어 우리 팀 선수들까지, 내가 뛰는 모든 시합에서요. 시합이 끝날 때면 나는 온통 멍과 진흙투성이가 되었습니다. 나는 절대로 득점을 할 수가 없었습니다.

나는 졌고
그들은 이겼습니다.

하지만 울지는 않았습니다. 왜냐하면 나는 정말로 이를 악물어야 했으니까요. 코치 선생님은 경기장 반대편에서 남학생들을 향해 소리를 질렀습니다. 하지만 그들은 코치 선생님의 말에는 전혀 귀기울이지 않고 자신들이 가장 강하다는 것을 나에게 과시하며 흡족해 했습니다.

시합이 끝난 뒤에 남학생들은 코치 선생님에게 호되게 혼이 났습니다. 하지만 기합을 받는 동안에도 그들은 나를 조롱하는 듯한 눈빛으로 쳐다보면서 자기들끼리 낄낄거렸습니다. 나는 졌고 그들은 이겼습니다. 그들은 내가 여자의 자리에 머물러 있지 않는다는 이유로 나를 모욕했습니다.

결국, 나는 럭비를 그만두었습니다.

여러분의
생각은
어떤가요?

▶ 사미아가 팀에 남아서 럭비를 계속할 수 있는 방법이 있을까요? 만일 그렇다면 어떤 방법이 있을까요?

▶ 럭비 선수들의 성차별적인 태도를 웃음거리로 만들 수 있는 방법이 있을까요? 사미아의 온몸에 난 멍자국과 진흙을 이용할 수는 없을까요?

▶ ▶ ▶ 상 담 선 생 님 의 제 안

 사미아는 지금 벌어지고 있는 상황에 대해서 잘 파악하고 있습니다(그래서 사미아는 '맞서 싸운다'는 표현을 사용했습니다). **따라서 이 경우에는 180도 전략을 사용하는 것은 적절하지 않았습니다.**

사미아는 힘으로 밀어붙이며 남학생들에게 "두고 보면 알 거야."라는 메시지를 계속해서 보내고 있었습니다. 이런 방법이 효과가 있을 때도 있지만, 전체에 맞서 혼자 싸워야 할 때는 사실 거의 효과가 없습니다.

코치 선생님이 럭비 팀 내 사미아의 존재를 인정했을 때, 이것은 남학생들의 짜증과 거부감을 거세게 불러일으킬 수밖에 없었습니다. 사미아가 럭비에 재능이 있다는 사실을 남학생들은 인정하고 싶어하지 않았던 것입니다. 마치 그렇게 하면 자신들의 남성성 일부를 빼앗기는 것처럼 느꼈기 때문일 것입니다. 사미아가 첫 경기부터 아주 잘 뛰었다는 사실에 남학생들은 이렇게 답했습니다. "럭비에서 너는 아무 쓸모 없는 존재야. 너만을 위한 특별한 규칙이 없으면 안 되니까." 이 말은 사미아가 그들과 맞서 싸우겠다는 결의를 더욱 강하게 다지는 결과를 낳았습니다.

사미아는 그 특별한 규칙을 거절함으로써 이런 메시지를 전달하고 있었던 것인지도 모릅니다. "두고 보면 알 거야." 하지만 남학생들은 이렇게 답했습니다. "두고 보면 알게 되는 건 바로 너야." 그리고 결과는 남학생들의 생각대로 되었습니다.

이것을 바로 '에스컬레이션 전략'이라고 합니다. 이는 서로 대치 중인 두 당사자가 더 강한 쪽이 이길 때까지 서로 번갈아가면서 전략을 더욱 강화하며 싸움을 거는 것을 뜻합니다.

이제 사미아는 목표가 무엇인지 다시 한 번 생각해 볼 필요가 있습니다.

▶ 사미아는 이 팀에서 럭비 선수로 계속 뛸 것인지 결정해야 합니다. 만약 그렇다면 남학생들에게 그들만큼 능력이 있다는 것을 보여 주는 것을 포기하는 것이 좋습니다. 처음에 코치 선생님이 정한 것보다 강도가 낮은, 예를 들면 하프 타임 당 두 개 이상의 태클을 걸지 않는다는 것과 같은 핸디캡을 받아들여야 할 것입니다. 이런 결정은 남자 선수들에게 다음과 같은 메시지를 전달하는 효과가 있습니다. "나는 너희들보다 정말로 부족한 선수야. 하지만 이 팀에서 같이 뛰고 싶어. 내가 너희들 옆에서 배울 수 있도록 나를 받아줬으면 좋겠어. 내가 너희들만큼 잘 할 수 없다고 하더라도 말이야." 남성적인 우월성을 확인받은 남학생들은 분명히 그녀를 가만히 내버려 둘 것입니다. 결과적으로 성차별에 대한 투쟁을 공개적으로 펼친 것은 아니지만, 사미아는 자신이 원하는 바를 얻기 위해 전략적인 협상에서 성공한 셈이 될 것입니다. 비록 남성 팀에서 럭비 선수로

뛴다는 단순한 사실이기는 하지만 말입니다.

▶ 또한 자신이 매우 강하며, 럭비뿐만 아니라 다른 능력도 가지고 있다는 사실을 남학생들에게 분명히 보여줄지 결정해야 합니다. 사미아는 멍과 진흙으로 뒤덮인 자신의 모습을 사진으로 찍어서 다음과 같은 글과 함께 소셜미디어에 올릴 수도 있습니다. "오늘 시합에서 용감한 럭비 선수들이 한 여자 선수에게 스물세 번이나 태클을 걸면서 자신들의 재능을 유감없이 보여 주었다. 그들은 스스로 강하다는 것을 증명했다. 참으로 대단한 선수들이다." 더 이상 같은 팀에서 계속 뛰는 것은 분명히 힘들겠지만, 그동안 느꼈던 수치심을 시원하게 떨쳐 버리게 할 수 있을 것입니다.

사미아는 여성들만의 럭비 팀을 새로 만드는 방법도 생각해 볼 수 있습니다. 하지만 여학생 선수들을 모집하기가 쉽지는 않을 것입니다. '남성적'인 것으로 여겨지는 스포츠 내에 성차별이 만연해 있기 때문입니다.

그렇다면 페미니즘은?

▶ 페미니즘은 모든 분야에서 남성과 여성 간의 평등, 다시 말해서 개인적, 정치적, 경제적, 문화적, 사회적, 법적 평등을 정의하고, 여기에 도달하고자 하는 생각과 행동의 총체를 말합니다.

페미니즘의 다양한 특징을 강조할 필요가 있는데, 그것은 무엇보다 성과 관련된 편견을 분명히 밝히고 철저히 분석하고 해체해서 그러한 편견을 없애려는 지적인 운동입니다.

페미니스트들은 여성에 대한 남성의 특정한 지배, 여성의 불이익을 감안하지 않고 존재하는 남녀 불평등에 맞서 싸우고 있습니다.

다양한 페미니스트 운동이나 단체들이 있는데, 이들은 서로 차이가 있습니다. 정의, 우선순위, 요구사항, 운동 방식에서 서로 충돌하기도 합니다.

▶ 페미니스트 사상은 남성 혐오나 양성 간의 갈등을 불러일으키기라도 하는 것처럼 왜곡되기도 하고 조롱이나 비방의 대상이 되기도 합니다. 이에 대해 분명한 견해를 가지려면, 다양한 페미니스트들과 정보를 교류하고 토론을 하는 것이 좋습니다.

우리는 모두 이 문제에 관심을 가지고 생각해 볼 필요가 있습니다. 우리가 있는 지금 이곳에서, 우리만의 방식으로, 혼자이거나 또는 여럿이거나, 일상에 존재하는 명백한 성차별에 맞서 가볍게 혹은 단호하게 싸울 필요가 있습니다. 스스로 페미니스트라고 생각하건 아니건 상관없이 말입니다.

시몬느
11세

"네 자리를 지켜!"

지난 해 5학년에 재학 중일 때 공간지리학 교수님 한 분이 오셨는데, 단지 학교 운동장을 관찰하는 것만으로도 남학생과 여학생 사이의 불평등을 알 수 있다는 이야기를 해 준 적이 있어요.

그 분을 초청한 사람은 마게리트 선생님이었어요. 마게리트 선생님은 성차별주의를 싫어했어요. 우리 아빠는 마게리트 선생님이 약간 지나친 페미니스트라고 말하기도 했지만, 내 친구들과 나는 그 선생님을 좋아했어요. 교수님은 우리에게 운동장을 자세히 보라고 했어요. 그런데 관찰하다 보니까 그동안 몰랐던 사실이 보이더라고요! 남학생들은 주로 운동장 가운데를 차지한 채 과격한 놀이를 하고 있었고, 여학생들은 구석진 곳으로 밀려나 있었던 거예요. 물론 여학생들이 이렇게 하자고 결정한 적은 없어요. 단지 여학생들에게 남은 공간은 거기가 전부였던 거예요. 교수님은 쉬는 시간에 축구를 하거나 운동을 하는 소수의 아이들, 주로 남학생들이 운동장 대부분의 공간을 차지하고 있어서 매우 불공평하다고 말씀하셨는데, 정말 운동장 공간의 약 3분의 2를 적은 수의 남학생들이 독차지하고 있었어요.

교수님이 우리에게 운동장을 어떻게 이용하고 있는지 물었을 때, 여학생들은 사실 운동장을 가로질러 본 적이 전혀, 혹은 거의 없었다고 대답했어요. 반면에 남학생들은 운동장 가장자리를 돌아본 적이 없다고 말했어요. 마치 두 집단이 성별에 따라 자신의 위치가 어디인지 잘 알고 있었다는 듯이 말이죠. 정말 이상했어요. 우리가 매일 경험하고 있으면서도, 한 번도 그것이 부당하다고 생각해 본 적이 없었어요.

마게리트 선생님은 그것을 '내면화된 성차별'이라고 했어요. 그런 다음에 '운동장에서의 지리적 평등'을 실천하기 위해 필요한 해결책을 찾아볼 지원자가 있는지 물었어요. 선생님은 작은 실천부터 시작해야 한다고 강조하셨죠. 그래서 친구들 중 세 명이 지원했고, 우리는 그 문제에 대해서 생각해 보기로 했어요.

우리는 한 주 동안 운동장을 관찰해 보았어요. 여학생들 몇이 운동장 중앙에서 조금 떨어진 곳에 모여 있었어요. 일부러 그런 건 아니지만, 남학생들은 공을 차다가 여학생들과 부딪히거나 앉아 있는 여학생들 머리 위로 공을 위험하게 차기도 했어요. 그러는 바람에 여러

> 한 번도 그것이
> 부당하다고 생각해 본
> 적이 없었어요.

172

차례 여학생들이 깜짝 놀라기도 했어요. 하지만 남학생들은 마치 여학생들이 보이지 않는 존재인 것처럼, 혹은 살아있는 존재가 아니라는 것처럼 움직였어요. 그런 모습을 보면서 몇 가지를 실험해 볼 필요가 있다고 생각했어요.

우리는 운동장 구석에 있던 여학생들을 불러 모아서 단체 행동을 해 보기로 했어요. 바로 이렇게요. 여학생 중 한 명이 지켜보다가 남학생이 오고 있음을 미리 알려주는 거예요. 그러면 다른 여학생들이 모두 일어나서 그가 뛰어오는 방향을 향해 무릎을 구부리고, 손은 허리에 올리고, 약간 사나운 시선으로 쳐다보기로 한 것입니다. 그러니까 살아있는 장애물을 만들기로 한 것이죠. 우리는 다 함께 럭비 선수들 같은 분위기를 만들었습니다. 우리를 뛰어넘지 않으면 누구도 지나갈 방법이 없었지요.

처음에 공을 쫓아서 뛰어오던 남학생은 세 명이었는데, 다들 하나같이 어이가 없다는 표정이었습니다. 하지만

남학생들이 어떻게 할지 정말 궁금했습니다. 하지만 우리는 무려……

그들은 멈출 수밖에 없었고 이내 공을 들고는 다른 방향으로 가 버렸습니다. 그들이 다른 애들한테 가서 무슨 말을 했는지는 알 수 없지만, 그때부터 여학생들이 모여 있던 자리는 아주 평화로워졌습니다. 하지만 여학생들은 이런 장애물 만들기를 무려 열 번이나 반복해야 했습니다. 효과를 제대로 발휘하기까지 말이죠. 나는 여학생들도 남학생들만큼 운동장에 있고 싶어 한다는 사실을 알아야 한다고

생각합니다.

　이번 일은 믿을 수 없는 경험이었습니다. 마게리트 선생님은 우리의 계획을 직접 핸드폰으로 찍어 주셨고, 우리를 정말 자랑스러워하셨지요. 나는 이 동영상을 잘 간직하려고 합니다. 나중에 어른이 되면 우리 아이들에게도 보여 줄 거예요.

여러분의
생각은
어떤가요?

▶ '살아있는 장애물'이라는 방법 말고, 학교 운동장에서 여학생들은 또 어떤 방법을 쓸 수 있었을까요?

▶ 집이나, 길거리, 버스나 지하철 등에서 남학생들이 차지하고 있는 공간이 여학생에게 주어진 공간보다 더 넓다고 생각해 본 적이 있나요?

▶ 쉬는 시간에 운동장을 관찰해 보세요. 여학생들이 거의 가지 않는 공간이 실제로 있나요? 있다면 그 이유는 무엇인가요?

▶ 내면화된 성차별의 다른 사례를 주변에서 본 적이 있나요?

▶ ▶ ▶ 상 담 선 생 님 의 제 안

학교 운동장에서 벌어지고 있는 이런 일은 공간지리학 교수님의 말처럼 내면화된 성차별을 보여 주는 아주 좋은 사례 가운데 하나입니다.

내면화된 성차별의 사례는 여간해서 눈에 띄지 않습니다. '그리 심각하지 않다'거나 '늘 그래왔던' 것으로 취급되면서 지속되고 있기 때문입니다.

이러한 성차별주의가 불러일으키는 편견에 대한 예는 수없이 많습니다. 여학생의 경우뿐만 아니라 남학생의 경우에도 마찬가지입니다. 다음의 경우를 생각해 봅시다.

- 여학생이 간단한 조립을 하거나, 과학을 잘하거나, 거친 말을 하는 것을 보면 놀라워한다.
- 여학생들은 남학생들보다 더 연약하고 보호받을 필요가 있는 것으로 여겨진다.
- 여학생들은 남학생들보다 더 꼼꼼하고 성실한 것으로 여겨진다.
- 여학생들은 수다 떨기를 좋아하는 것으로 여겨진다.
- 남학생이 고전 무용을 하거나 여학생이 역도를 하는 것을 보면 재미있어 한다. 혹은 그와 관련된 규칙에 대해 말하거나 관련된 제품을 구입하는 것에 대해 불편해 한다.

- "너는 다른 여자아이들과 같지 않아."라는 말을 칭찬이라고 생각한다.
- 여자가 털이 있는 것을 보면 거슬리지만 남자는 그렇지 않다. 왜 이것을 같은 경우라고 생각하지 않는 것일까?
- 남자가 아내의 치마를 다림질해 주는 모습을 보면 특이한 경우라고 생각한다.
- 여자가 서른 살에 여전히 독신인 것을 이상하게 여긴다.
- 남편이 살림을 하거나 육아를 맡고 있는 여자를 보면 운이 좋다고 생각한다. 하지만 그 반대의 경우에는 그렇다고 생각하지 않는다.

이제는 이와 같은 유형의 성차별에 민감하게 반응할 때입니다. 그러면 우리는 성차별에 대해 더 많은 이야기를 나눌 수 있게 되고, 일상생활의 성차별이 사라지게 할 해결책을 하나씩 하나씩 찾을 수 있게 될 것입니다.

우리가 성차별에 맞서 싸워 얻게 되는 것들

여자로서 하루하루를 살아가기란 쉬운 일이 아닙니다. 페미니스트가 되거나, 혹은 반대로 세상이 요구하는 여자로서의 역할에 머무르며 세상이 허락한 감정만 표현하면서 살아가거나, 너무 오래되어 그 누구도 더 이상 문제 삼지 않는 성차별적 지시에 따르며 살아가는 삶이 오히려 편안할 수도 있습니다. 갈등이나 비난, 적대적인 반응을 덜 일으킬 테니까요.

성차별주의에 반대하며 때로 스스로를 페미니스트라고 선언하는 내 주위의 젊은 여성들은 이렇게 말하곤 합니다. 늘 불만에 가득 차서 쉽게 흥분하는 남성혐오주의자로 취급당하는 것이 무엇보다 힘든 일이라고요. 게다가 남녀평등을 향한 변화는 너무 느리게 진행되어 지켜보는 것조차 고통스러울 정도라고 말합니다.

하지만 아주 느리게 진행되고 있다고 하더라도, 변화가 있다면 분명히 얻는 것이 있기 마련입니다. 우리는 다양한 분야에서 다양한 수단을 통해 다양한 연령대에서 각자의 욕구와 능력과 기질에 따라 변화를 만들어 낼 수 있습니다.

길거리에서 당신을 성추행하는 남자를 향해 소리를 지르거나, 딸이라는 이유로 차별을 당하는 것이 얼마나 고통스러운지 사춘기 남자 형제에게 설명해 볼 수도 있습니다.

학급 친구들과 함께 성차별 사례들을 모아서 전시회를 열어서 그 문제에 대해 함께 생각해 볼 시간을 가지거나 남성우월주의자들을 소재로 재미있는 슬로건을 만드는 것도 변화를 만들어 내는 데 도움이 될 것입니다.

그 밖에도 성차별을 주제로 한 토론이나 모임에 참가해서 여성에 대한 원색적인 모욕에 대해서 열띤 반발을 해보거나, 미끄럼틀에서 남자아이에게 세 번이나 새치기를 당한 어린 여동생에게 '그만 해. 미끄럼을 먼저 타도 된다고 말한 적 없어.'라고 말해 보라고 용기를 북돋워 줄 수도 있습니다.

변화는 저절로 이루어지지 않습니다. 우리의 작은 행동들이 쌓일 때 비로소 세상은 움직일 것입니다. 남녀노소 할 것 없이 모두의 실천이 필요할 때는 바로 지금입니다.